DHAMMAPADA

Os ensinamentos
de Buda

O livro é a porta que se abre para a realização do homem.

Jair Lot Vieira

DHAMMAPADA

Os ensinamentos de Buda

Tradução, introdução, comentários e notas
Prof. Dr. José Carlos Calazans

Historiador, Orientalista e Pesquisador.
Membro Integrado e pesquisador residente do Centro de Filosofia das Ciências da Faculdade de Ciências da Universidade de Lisboa.
Professor de Estudos Europeus e Lusófonos, Estudos e Ciências Políticas, e Relações Internacionais na Universidade Lusófona de Humanidades e Tecnologias (Lisboa).
Pesquisador do Centro de Estudos de Indie e de l'Asie du Sud (CNRS-EHESS).
Membro fundador da Associação Portuguesa para o Estudo das Religiões.
Foi diretor da seção de estudos indianos da *Revista Portuguesa de Ciências das Religiões* – Universidade Lusófona.
Orientador de teses e dissertações em Estudos Orientais e Ciências Políticas e Relações Internacionais.

mantra

Título original: धम्मपद (*Dhammapada*).

Grafia conforme o novo Acordo Ortográfico da Língua Portuguesa.

1ª edição, 2ª reimpressão 2023.

Editores: Jair Lot Vieira e Maíra Lot Vieira Micales
Coordenação editorial: Fernanda Godoy Tarcinalli
Preparação e adaptação do português: Júlia Nejelsch Trujillo
Revisão do Páli: Daniel M. Miranda
Revisão do Português: Brendha Rodrigues Barreto
Diagramação: Ana Laura Padovan
Capa: Marcela Badolatto | Studio Mandragora
Imagem da capa: Designed by visnezh / Freepik (mandala); Studio Mandragora (arte final)

Dados Internacionais de Catalogação na Publicação (CIP)
(Câmara Brasileira do Livro, SP, Brasil)

Dhammapada : os ensinamentos de Buda / tradução José Carlos Calazans. – 1. ed. – São Paulo : Mantra, 2021.

Título original: Dhammapada

ISBN 978-65-990262-0-1 (impresso)
ISBN 978-65-87173-10-8 (e-pub)

1. Budismo 2. Budismo – Doutrinas 3. Dhammapada 4. Dhammapada – Comentários 5. Filosofia e religião

21-68729 CDD-294.382

Índice para catálogo sistemático:
1. Dhammapada : Livros sagrados : Budismo : 294.382

Aline Graziele Benitez – Bibliotecária – CRB-1/3129

EDITORA AFILIADA

mantra

São Paulo: (11) 3107-7050 • Bauru: (14) 3234-4121
www.mantra.art.br • edipro@edipro.com.br
@editoramantra

SUMÁRIO

Cronologia e origens 7
Influências e matriz do *Sāṁkhya*

I · Os Versos Gêmeos 29
II · A Vigilância 41
III · A Mente 49
IV · As Flores 55
V · O Louco 63
VI · O Sábio 71
VII · O *Arahat* 79
VIII · Os Mil 87
IX · O Mal 95
X · O Bastão do Castigo 103
XI · A Velhice 111
XII · A Vida 117
XIII · O Mundo 123
XIV · O Buda 131
XV · A Felicidade 139
XVI · O Afeto 147
XVII · A Raiva 153
XVIII · A Impureza 161
XIX · O Justo 171
XX · O Caminho 179
XXI · Os Vários 189

XXII · O Inferno 197
XXIII · O Elefante 205
XXIV · A Sede 213
XXV · O *Bhikkhu* 225
XXVI · O *Brāhmane* 241

Glossário Páli-Sânscrito-Português 259
Referências 267

CRONOLOGIA E ORIGENS

Influências e matriz do *Sāṁkhya*

O percurso da filosofia é sempre o percurso da humanidade, mas nem sempre a história antiga das civilizações nos revela esse caminho de forma clara, principalmente quando se trata do período Proto-Histórico, quando a escrita ainda não existia; não na forma como hoje a conhecemos. Todo começo de uma cultura guarda em si um germe de possibilidades que, confluindo em um mesmo projeto de construção do ser humano, mais cedo ou mais tarde tende a formar uma síntese de pensamento, de religião e até de língua. Como todas as civilizações, a Índia passou por esse processo, mas se distinguiu pelo fato de nunca ter ficado pelo caminho, no sentido em que muitas formas religiosas e muitas filosofias, desenvolvidas durante milhares de anos, continuam a ser praticadas nos dias de hoje como se o tempo não as tivesse afetado. Este é o maior sortilégio da terra de *Bhārata*, que inúmeros filósofos e místicos escolheram e elogiaram como a Grande Mãe (*Mātṛ Bhūmi*), a Terra Santa (*Puṇya Bhūmi*), a Terra dos Antepassados (*Pitra Bhūmi*), a Terra da Ação (*Karma Bhūmi*), a Terra do Reto Dever (*Dharma Bhūmi*) e, finalmente, como a Terra da Libertação (*Mokṣa Bhūmi*), para nela se consubstanciarem deixando na memória, por vezes viva, por vezes oculta, uma identidade sem pessoa, uma individualidade sem ego, como bolhas indiferenciadas e emergentes em um imenso mar chamado humanidade.

Mas a Índia não é de um só tempo. Seus saltos quânticos não são sincrônicos nem simultâneos, porque sua história não é homogênea. Atravessada transversalmente por várias culturas de origens diferentes, cada uma com seu reino e sua crônica, a Índia viu nascer vários calendários, partindo de cosmogonias em tudo semelhantes, mas com começos e fins diferentes: a jaina, a hindu, a budista, a islâmica, a indo-persa. Há evidências de que o primeiro calendário indiano tenha começado no tempo védico, a partir da descrição no *Ṛgveda*, de uma monção ocorrida durante o verão e datada de *c.* 23 720 a.C.; este calendário, hoje fora de uso, mas ativo durante a civilização do Vale do Indo, teria sido o joviano (*Bṛhaspatya-Varṣa*), tendo como base o ciclo de 60 anos de Júpiter em torno do Sol; ainda durante o período da Índia Pré-Clássica iniciou-se outro calendário, que foi usado, preferencialmente, para efeitos religiosos, denominado era Kaliyuga e iniciado no ano 3 102 a.C., data que coincide com a morte de Kṛṣṇa. Depois do desaparecimento da civilização do Vale do Indo (*Harappa* e *Mohenjo-Daro*), *c.* 1 900-1 500 a.C., e até a era Vikrama, não temos referências documentais do uso de outro calendário. Sabemos, porém, que os tratados astrológicos surgidos depois, como o *Bṛhatpārāśara-Hora-Śāstra*, tomaram o planeta Marte como referência central de sua contagem do tempo, por isso depreendemos que tenha estado em uso até, pelo menos, o começo do calendário *vikrama*. Como o fim abrupto da cultura Harappa foi causado por dramáticos acontecimentos nos planos geofísico e climático, ocasionando migrações maciças da população para ocidente do rio Indo e para oriente, o fato também deve ter causado alterações profundas nos sistemas de contagem do tempo e, por conseguinte, no calendário. Esta é a razão mais plausível para que só em 58 a.C. tenha surgido, então, a era Vikrama, fosse ela fundada pelo lendário rei Vikramāditya ou por Candra Gupta II (que realmente viveu 400 anos depois e que teve o título de Vikramāditya). O início dessa era é atribuído a um evento histórico que marcou o reinado de Candra Gupta II, quando expulsou os *śakās* da cidade de Ujjayinī. Os *śakās* tiveram seu calendário iniciado em 78 d.C., provavelmente fundado após a reconquista de Ujjayinī, 137 anos depois de Vikramāditya. É possível, porém, que este calendário, criado por Kaniṣka, já estivesse em uso no século II d.C. nos distritos de Mālvā, Kāthiāvār e Gujarāt, estendendo-se a toda a região do Decan e levado, posteriormente, até o Sudeste Asiático. Na Índia Central emergiu outro calendário, criado por uma pequena dinastia designada Traikūtaka, calendário este que se manteve até a invasão muçulmana e que iniciou a era Kalacuri, em 248 d.C. Outro calendário surgiu durante a dinastia Gupta, iniciando a era Gupta em 320 d.C., possivelmente já em uso desde Candra Gupta I, e ainda persistente durante a dinastia Maitraka do Gujarāt. No Norte da Índia, no reino de Kānyakubja, correu outro calendário fundado por Harsavardhana, no ano de 606 d.C., mas este durou apenas cerca de duzentos anos.

Outras eras de menor duração e criadas a bel prazer dos monarcas, satisfazendo apenas seus curtos reinados, tiveram existência efêmera, como a era Laksmana de Bengala, iniciada em 1 119 d.C.; a era Saptarṣi ou Laukika, ocorrida durante a Idade Média no Kaśmīra (Caxemira), composta por ciclos de cem anos; as eras Licchavi e Nevār do Nepal, iniciadas em 110 e 878 d.C., respectivamente; a era Kollam da região do Malabār, iniciada em 825 d.C.; e a era Cālukya de Vikramāditya VI, iniciada em 1 075 d.C. De todos esses calendários, só o *vikrama*, o *śaka*, o *kaliyuga*, o jaina (era de Mahāvīra, contada a partir de 528 a.C.) e o budista (era de Buda, contada a partir de 623[1] a.C.) ainda estão ativos, mas para uso religioso.

Se acrescentarmos a esta disparidade de calendários tão diferentes, muitas vezes nem sempre consensuais para os historiadores, o fato de que os nomes de seus fundadores podem não corresponder ao ato de fundação dos seus calendários, o problema da descoberta do ano, da década ou do século exatos que lhes deu início torna-se de difícil resolução. No caso da era de Buda, não há unanimidade quanto ao seu início entre os budistas, e a discussão está longe de ser resolvida; no Ceilão, a tradição *theravāda* aponta seu início em 544 a.C., mas há indícios de que tenha se iniciado em outro momento, em 483 a.C. De fato, não há consenso quanto à data do nascimento de Buda, nem entre os historiadores nem entre as várias tradições budistas. Esse problema está ligado à descoberta do ano exato em que Buda nasceu e, desse modo, a tradição *theravāda* aponta-o para 624 a.C., enquanto a tradição *mahāyāna* apresenta várias datas, havendo uma tendência quase generalizada para fixá-la em aproximadamente 324 a.C. Os historiadores ocidentais, por sua vez, determinaram a data do nascimento de Buda em 560-63 a.C., mas até mesmo esse "consenso" tem sido contestado ultimamente, a partir de novos achados arqueológicos que apontam para o século IV a.C.

Enquanto historiadores e budistas *theravādins* e *mahāyānins* discordam a respeito das datas, emerge uma nova corrente crítica da história indiana, fundamentada em um modo diferente de computar sua cronologia.[2] Baseados nas indicações astrológicas e astronômicas contidas no *Rgveda* e nos *Purāṇas*, vários historiadores (indianos e ocidentais) têm proposto uma reforma radical para todas as datas da história indiana. Se aceita, esta será, sem dúvida, uma das maiores revoluções científicas nas ciências humanas e, porventura, uma verdadeira quebra do paradigma vigente na história da Índia escrita por ocidentais, que determinava a invasão da Índia pelos arianos em *c.* 1500 a.C. e, com ela, a introdução de sua língua indo-europeia na própria Índia. Partindo deste novo ponto de vista, a data do

1. Esta nova data do nascimento de Buda resulta das descobertas arqueológicas efetuadas recentemente em Lumbini, no lugar onde supostamente Buda nasceu. Cf. FOGELIN, 2015, p. 70-103.

2. Entre os investigadores ocidentais, devemos lembrar com justa causa Hermann Jacobi, P. C. Sengupta e A. Seidenberg como os primeiros a chamarem a atenção para as datas que as informações astronômicas contidas nos textos podiam fornecer. Seu objetivo era óbvio: retificar as cronologias da Índia antiga.

nascimento do Iluminado surgiu com grande oposição, como não podia deixar de ser, data esta designada, correntemente, por Data Védica de Buda, estabelecida no ano de 1800 a.C., momento em que Buda e Mahāvīra viveram. Assim, o *Dhammapada* atribuído a Buda surge como sendo 1400 anos mais antigo do que geralmente se supõe, com sua divulgação tendo começado muito tempo antes do que as próprias tradições *theravādins* e *mahāyānins* hoje defendem.

Essa nova proposta vem, de alguma forma, resolver outro problema, que até hoje parecia não ter grande aceitação nem estar resolvido: a divulgação das ideias hindus e budistas da transmigração da alma entre os gregos pitagóricos, que a chamaram de metempsicose. Em Portugal, essa questão foi levantada, e de algum modo respondida, por Guilherme de Vasconcellos Abreu, o maior indianista e sanscritista português. Em um pequeno opúsculo, intitulado *Conjecturas sobre analogias entre o buddhismo e a philosofia grega* (1881), o autor encontra uma explicação para a emergência da metempsicose no ocidente que, não tendo o devido impacto no momento, redobra agora fortemente com uma nova perspectiva cronológica, ao mesmo tempo em que suscita nossa atenção com o paralelismo linguístico que estabelece entre os nomes Pitágoras (Pithagoras) e Buda (Budha). Observava então que o vocábulo grego *pytha* podia se entroncar na mesma origem que Budha, sendo a terminação *goras* o equivalente sânscrito a *guru* (mestre), tal como se aplicaria a todos os outros nomes de filósofos gregos, como Anaxágoras e Protágoras. Segundo Vasconcellos Abreu (1881, p. 11): "Pythagoras seria, pois, o vocábulo *buddha* tornado nome próprio e com forma grega.". Como se explicaria então essa filiação linguística e filosófica? Pelo simples fato de que antes de Buda outros budas existiram, também da família Gautama, sendo plausível que o adjetivo tivesse chegado à Grécia, assim como a doutrina da metempsicose, passando então o epíteto a antropônimo grego.

Perante a impossibilidade de a doutrina de Buda ter chegado à Grécia no tempo de vida de Pitágoras, pois quando Buda tinha 22 anos o filósofo grego fundava a sua escola em Crotona (540 a.C.), Vasconcellos Abreu responde com a afirmativa de que já antes do imperador Aśoka (276-232 a.C.) os fundamentos do budismo se encontravam perfeitamente estabelecidos, e mesmo antes de seu nomeado fundador, pois tinham evoluído paralela e contrariamente às ideias bramânicas. Como sublinha mais uma vez Vasconcellos Abreu (1881, p. 12):

> Antes do denominado Buddha por excelência, antes desse que afirmou, assegurou a doutrina budhica, houvera no Hindustão, propriamente dito, outros *Buddhas*, isto é, "Despertos, Iluminados"; e a evolução religiosa posterior, atribuída a um Gautama, foi o coroamento da obra intelectual e de reforma (...).

Na altura em que essas afirmações foram produzidas, não passavam de simples conjecturas, mas hoje fazem um sentido claro, que se apoia na arqueologia e em uma hermenêutica profunda dos textos ao nosso dispor.

Assim, quem antes de Pitágoras poderia ter levado para a Grécia a doutrina da metempsicose e todas as outras ideias a ela associadas? O douto orientalista português não hesitou em apontar uma via que hoje é perfeitamente conhecida entre os historiadores e arqueólogos. As tradições gregas afirmam que foi do Oriente que Pitágoras trouxe suas ideias, e é o próprio Platão, no livro X de *A República*, que indica esse caminho, designando-o por *Pamphylia*, a hodierna Armênia, e não o Egito, como muitos ainda hoje pensam. Mas a ideia serviu antes de passagem a uma cultura que se estendeu desde a Ásia Central até os rios Tigre e Eufrates, e de quem os fenícios conheceram igualmente a doutrina da metempsicose. Excluindo a ideia de morte e ressurreição entre os antigos armênios, que nada tinham de comum com a transmigração dos hindus ou a metempsicose dos pitagóricos, fica a cultura tocariana (indo-europeia), que manteve a ligação entre os arianos hindus e os indo-europeus gregos, e que, ocupando a vastíssima região do Sinkiang (região autônoma da China), assumiram a religião búdica e espalharam a doutrina por toda a Ásia. Foram os tocarianos, designados pelos próprios gregos como *tócharoi*, que transmitiram a doutrina da metempsicose aos gregos, não tendo, portanto, o Egito em nada contribuído para sua divulgação. Os citas que ocupavam o Ponto Euxino eram igualmente indo-europeus, e séculos antes de a Grécia ter atingido seu esplendor, existia trato comercial entre os citas e os tocarianos (todos da mesma família linguística). Se tomarmos a nova proposta de datação apresentada anteriormente (1800 a.C., data védica de Buda), as datas geralmente aceitas para a emergência da cultura tocariana (século II a.C.) recuam consideravelmente, explicando assim a divulgação precoce da doutrina na Grécia.

Escrevia ainda o eminente sanscritista português, esclarecendo definitivamente que a metempsicose grega nada devia à ideia de imortalidade da alma (*transformação*) entre os egípcios, que:

> Segundo este *Livro* [dos Mortos] é a alma inteligente, *khu*, que fala a Osíris e confessa as ações da alma sensitiva, *ba*. Ao chamamento dos mortos, no dia do juízo, quando *ba* tiver de comparecer perante *Osíris*, o coração baterá de novo e a alma achará o seu caminho (capítulos XXVI a XXIX). Mas antes de ver a face de Deus passará por múltiplas provações de que só poderá escapar a alma do justo (capítulos XXX a XLVII e L a LIII). Se a alma fica absolvida, se *ba* resistiu a toda a provação, e não *morreu* na divina região inferior, se *ba* é *menkh* "perfeita", pode reunir-se à alma inteligente *khu* e entrar no corpo, que é o seu *corpo próprio*, ou noutro, como ela quiser, e passar por novas existências, ao que o *Livro dos Mortos* chama "transformações voluntárias". Pode então tomar a forma de diferentes animais, que são representações da divindade em a mitologia egípcia. Estas transformações, pois, não são mais do que a representação da natureza divina da alma por um símbolo pelo qual se representa a divindade. [...] A diferença entre a doutrina pitagórica da metempsicose e a doutrina egípcia das transformações é pois evidente. (VASCONCELLOS ABREU, 1881, p. 16-17)

Os contatos entre a Grécia e a Ásia Menor, e a anterioridade doutrinal e filosófica que antecedeu Buda (e outros budas antes de Buda) são a explicação mais plausível para a rápida difusão do budismo e dos aforismos de Buda que lhe são atribuídos. Assim, esses aforismos, sob a designação de *Dhammapada*, deram origem a diferentes versões em várias línguas da antiguidade clássica do extremo oriente. Sua notável aceitação deve-se, certamente, ao fundo comum de uma cultura cuja ética e filosofia, nascendo de uma mesma árvore, se distenderam dendriticamente ao longo dos séculos. É por isso que há traços tão semelhantes entre o *Dhammapada* e o *Sanātana-Dharma* hindu, entre o *Dhammapada* e algumas antologias jainas, que contêm versos claramente relacionados com versos equivalentes no *Dhammapada*, ou entre alguns versos do *Dhammapada* e os conceitos da filosofia *sāṁkhya*. Um olhar não treinado poderia levar a concluir, rápida e incorretamente, que os jainas "roubaram" a ideia dos budistas, ou vice-versa, ou que estes teriam plagiado o *Sanātana-Dharma*. Nada disso. Todas as grandes filosofias do oriente extremo, partindo da Índia, iniciaram sua construção de conceitos e formulações básicas comuns de extensão universal, designadas genericamente por *dharma*. A missionação búdica no extremo oriente e na Ásia Central seguiu os caminhos já antes trilhados por marinheiros e colonos hindus, mas indo tão longe como a própria Roma.

Desde a primeira tradução do *Dhammapada* para o latim, realizada por Victor Fausböll, até hoje, contemplando as traduções do chinês, do gandhari, do páli, do sânscrito, do cingalês e do tailandês para o inglês, o francês e o alemão, nunca se tinha realizado entre nós uma tradução integral do *Dhammapada* para o português. Os estudos búdicos em Portugal estiveram atrasados em relação ao restante dos países ocidentais pouco mais de dois séculos. Mas isso não significa que tenham faltado os estudos indológicos e orientais, pois desde 1877 Portugal viu nascer os primeiros estudos de língua e cultura clássica indiana, com o eminente sanscritólogo Vasconcellos Abreu (que criou a primeira cadeira de sânscrito no curso superior de Letras) – outros eminentes sanscritólogos e orientalistas deixaram igualmente sua marca, como Sebastião Rodolfo Dalgado, Mariano José Saldanha e Margarida Corrêa de Lacerda (CALAZANS, 2000). Embora todo o seu trabalho tenha dado especial relevo à literatura de tradição sanscrítica e védica, e de sua formação ter sido realizada em Paris com os mestres Abel Bergaine e Martin Haug, que conheceram a literatura búdica então disponível, e sobre ela trabalharam igualmente, Vasconcellos Abreu esteve ciente da importância da literatura páli e de sua influência na literatura e fabulística ocidental, como ele aliás demonstra claramente em uma de suas primeiras obras, *Os contos, apólogos e fábulas da Índia* (1902), e, principalmente, em *A fenomenologia, a alma e o eu segundo o budismo* (1891). Mas o fascínio do sânscrito e do védico acabou por se sobrepor aos estudos búdicos, porque em Portugal sua aplicação não tinha utilidade que pudesse igualar-se à dos estudos latinos e gregos. Vasconcellos Abreu (1878a; 1878b) partilhava igualmente da opinião de Max Müller quanto à importância do sânscrito como língua franca, devendo ser adotada mesmo entre os budistas, para que todos os pesquisadores se entendessem segundo um mesmo protocolo linguístico, tal como acontecia com o latim. Em sua introdução ao *Dhammapada*, Max Müller (1881, p. LIV-LV) explicava:

> Eu ainda acredito que seria melhor se os escritores da literatura e religião budista adoptassem sempre o Sânscrito como língua franca. Porque para uma correcta compreensão do sentido original da maior parte dos termos técnicos do Budismo, é indispensável o conhecimento da sua forma em Sânscrito; e nada se perde, enquanto muito se ganhará se, mesmo tratando-se do Budismo do sul, tivéssemos de falar da cidade de Śrāvastī em vez de Sāvatthi em Pāli, Sevet em Sinhali; de Tripiṭaka ("os três cestos") em vez de Tipiṭaka em Pāli, Tunpitaka em Sinhali; de Arthakathā ("comentário") em vez de Atthakathā em Pāli, Atuwāva em Sinhali; e portanto também de *Dharmapada* ("o caminho da virtude") em vez de *Dhammapada*.

Porém, contrariamente ao que esses primeiros indianistas defenderam, e citando A. K. Warder (1984, p. VII): "Ao iniciante que não conhece nenhuma língua indo-ariana (exceto, talvez, o sânscrito), porém, o antigo páli é de uma certa forma mais fácil que o medieval. É de longe muito mais interessante.".

A tradução do texto completo do *Dhammapada* em páli, que surge agora pela primeira vez em português,[3] representa um precioso tesouro espiritual, pela transcendência de sua mensagem, e por isso ultrapassou as fronteiras da Índia, tornando-se patrimônio de toda a humanidade. Pilar incontornável da poesia ética de tradição *kāvya* da Índia clássica, abre o caminho do aperfeiçoamento humano pela edificação das virtudes e pela denúncia da vaidade e do ego, da ignorância e da dor. No sentido moral e ético encontra-se no mesmo patamar pedagógico da mensagem dos contos e das fábulas do *Pañcatantra* ou do *Hitopadeśa*, denotando estas obras certa influência muito próxima das fontes budistas, sugerindo-nos que estes contos deveriam estar em voga entre as comunidades búdicas.

Buda transmitiu seu conhecimento por via oral, e não deixou nada escrito, limitando-se a seguir a tradição secularíssima da exposição da sabedoria ilustrada por aforismos, tal como todos os sábios e filósofos do Extremo Oriente e do Oriente Médio o fizeram durante milhares de anos. Estes pequenos versos (*sūtras*), que invariavelmente aparecem com a mesma configuração em todas as línguas da Índia, encerram, de forma sintética e ao mesmo tempo mnemônica, o conhecimento que se pretende transmitir e que a oralidade desdobra quando exposto para uma assembleia. A transmissão do conhecimento sob a forma aforística pressupõe sempre uma informação mais substancial e mais densa e, por isso, um ensino acompanhado por um mestre que o possa transmitir de maneira adequada, facultando as chaves interpretativas no plano lexical e etimológico, aspecto este, aliás, realçado no *Dhammapada* pelo próprio Buda:

> Aquele [...] que é um especialista em etimologia e terminologia, que conhece a disposição sistemática das letras, é chamado aquele que está no seu último corpo, o maior dos sábios e um grande homem. (*Sūtra* 352)

3. Há algumas edições portuguesas sobre matérias relativas ao budismo que contêm excertos do *Dhammapada*, e uma com os versos completos, mas não são traduções diretas do páli para a língua portuguesa, e, sim, traduções feitas a partir de outras edições (francesa e inglesa) em que o *Dhammapada* foi efetivamente traduzido do original páli.

A forma aforística da transmissão do conhecimento origina, desde que ele é exposto e pela necessidade de explicar o que parece imperceptível, um comentário pessoal e ilustrativo. Essa prática, tão comum e querida aos mestres, originou, ao longo do tempo, uma tradição de comentários (*bhāṣya*), tendo os *sūtras* originais como ponto de partida. Assim sucedeu com o texto fundador da filosofia *sāṁkhya*, o *Tattva-Samāsa* atribuído a Kāpila, e os respectivos comentários que ele originou, como o *Sāṁkhya-Kārikā* de Iśvarakṛṣṇa, o *Sāṁkhya-Pravacana-Yoga-Sūtram* de Patañjali, o *Sāṁkhya-Bhāsya* de Vijñāna Bhikṣu ou o *Kāpila-Sūtram* de Narendra; assim aconteceu, igualmente, com a explicação do próprio *Dharma* de origem védica no seio da tradição hindu e jaina. Outrossim se atribui a Buddhaghoṣa o primeiro comentário páli ao *Dhammapada*, datado do século V d.C., em que os versos são explicados por meio de parábolas, tal como Buda supostamente fez para quem o ouviu.

O *Dhammapada*, que faz parte do cânon páli da tradição *theravāda* conhecido por *Tipitaka* ("os três cestos") – porque os "três livros" escritos em folhas de palmeira estavam depositados em três cestos –, encontra-se incluído no segundo deles, o *Suttapiṭaka*. Esses "três cestos" compreendiam todo o conhecimento transmitido por Buda em três ocasiões e lugares distintos: a primeira súmula ficou agregada sob a designação de *Vinayapiṭaka* ("cesto da disciplina"); a segunda, o *Suttapiṭaka* ("cesto dos versos"); e a terceira, o *Abhidharmapiṭaka* ("cesto do primeiro conhecimento"). O *Suttapiṭaka* é composto por cinco *Nikāyas*: *Dīgha-nikāya*, *Majjhima-nikāya*, *Saṁyutta-nikāya*, *Aṅguttara-nikāya* e *Khuddaka-nikāya*; é neste último que se encontram os aforismos de Buda entre as antologias que o compõem: *Khuddaka-pāṭha, Dhammapada, Udāna, Itivuttaka, Sutta-nipāta, Vimānavatthu, Petavatthu, Theragāthā, Therīgāthā, Jātakamāla, Niddesa, Patisambhidā, Apadāna, Buddhavamsa* e *Cariyā-piṭaka*.

O *Dhammapada* foi ampla e rapidamente divulgado por todo o extremo oriente, principalmente a partir do reinado do imperador Aśoka, sendo este o período em que mais se expandiram os ensinamentos de Buda. O *Mahāvamsa* conta que Mahinda (Mahendra), filho do imperador Aśoka, foi igualmente convertido ao budismo, tendo aprendido de cor todo o *Dhammapada* em três anos, e que, após o Terceiro Concílio (242 a.C.), foi enviado ao Ceilão para lá estabelecer o budismo. Foi assim que o rei Devānampiya Tissa se converteu à nova religião e o Ceilão viu a doutrina de Buda pela primeira vez. Mahinda ensinou ali, de cor, o *Dhammapada*, como era aliás corrente na Índia desde os tempos védicos, e é desta mesma época a primeira versão em língua sinhali, que acabou por se perder, e só posteriormente, prevendo-se a adulteração da memória e da virtude, é que o *Dhammapada* foi passado à forma escrita em páli, em 88-76 a.C.

Junto com o *Dhammapada* divulgou-se, com igual popularidade, o *Jātakamāla* ("rosário de contos"), incluído no segundo "livro" do *Tripitaka*, sobre as vidas anteriores de Buda, contadas alegoricamente sob a forma de fábulas. O *Jātakamāla* foi a coleção de contos sobre a vida de Buda que transmigrou para o ocidente através de Bagdá, no tempo da corte de Almançor. Quem mais estudou e divulgou a literatura indiana (hindu e búdica) foram os árabes, depois dos persas, vertendo para o árabe muitas obras literárias, científicas e filosóficas, entre elas as fábulas e os apólogos da coleção indiana do *Pañcatantra*, como o *Karataka-Dānaka* (750 d.C.), mas igualmente a história de Buda, por meio do *Lālita-Vistāra*, e o próprio *Jātakamāla*. A dimensão ética e universal da vida de Buda inspirou o mundo oriental e parte do Oriente Médio em todas as facetas da vida, tendo atravessado transversalmente a história da humanidade sem que sua mensagem se tenha alterado. Em uma primeira fase, o *Dhammapada* e o *Jātakamāla* seguiram as rotas do comércio oriental, percorridas pelos monges budistas na sua missionação pela intra-Ásia até o ocidente macedônio, grego e romano. Em uma segunda fase, seguiu pelas traduções e adaptações árabes e espalhou-se pelo mundo árabe até o ocidente. E, finalmente, em uma terceira fase, a missionação cristã acabaria por traduzir o mesmo *Jātakamāla* do árabe para o grego, quando São João Damasceno († 875) viveu na corte do califa de Bagdá. A lenda de Buda viria, assim, a ser introduzida no universo cristão no século VIII, com a designação de *Iusaf* ou *Iudasaft*, do árabe *Budasf* ou *Budasaft*, e este do páli *Bodhisatta* (sâns. *Bodhisattva*). Foi assim que esta lenda cristianizada entrou no martirológio como a *Vida de São Josaphat* ou de *Barlaão e Josaphat*.

A lenda da vida de Buda interessa-nos particularmente em um contexto de cultura literária ético-religiosa ibérica – e portuguesa, em particular –, porque das obras latinas *Gesta Romanorum*, *Vitae Sanctorum*, *Disciplina Clericalis* e *Vitae Patrum*, nas quais a moral búdica é explicada, Frei Hilário da Lourinhã retirou aquela lenda e adaptou-a para a língua portuguesa com o título *Vida do honrado infante Josaphate filho del-Rey Avenir* (LACERDA, 1963; VASCONCELLOS ABREU, 1902), sem, no entanto, saber que se tratava do próprio Buda. Mais tarde, Diogo do Couto viria finalmente a esclarecer a verdadeira identidade de *Josaphat* como o *Iluminado*. Quantas vezes os missionários católicos se enganaram no início da missionação do Oriente, quando viram os templos e monges budistas do Tibete, achando se tratarem de comunidades cristãs, embora desviadas, por vezes confundidas com os nestorianos ou com a gente do Preste João das Índias. O padre António de Andrade (1921, p. 71), da Companhia de Jesus, descrevia em uma das suas cartas, em 1624:

> Os Lambàs são os seus sacerdotes, muitos e em grande número; hũs viuem em comunidade como os nossos Religiosos, outros em suas casas particulares, como clerigos entre nós; todos porém professão pobreza, e viuem de esmola; he gente de muito bom viuer, não se casão, ocupão se a maior parte do dia em rezar, e pello menos o fazem pellas manhãas, por espaço de duas horas, e á tarde outro tanto; cantão a nosso modo suavemente, como cantochão entre nós. O pay que tem dous filhos, faz hum desta profissão dos lambàs. O proprio Rey tem hum irmão tambem lambá, com não ter outro; parece gente muito mansa, e até nos seculares se ouuirá raramente hũa palaura mal soante; tem casas de oração, como as nossas Igrejas, mas muito limpas, pintadas pellos tectos e paredes; e com serem em suas pessoas e vestidos pouco limpos, geralmente no que toca ás Igrejas, as tem sobremaneira limpas; as imagens \ são de ouro, e hũa que vimos em Chaparangue, estaua assentada com as mãos leuantadas; representaua hũa molher, que elles dizem ser a Mãy de deos; e assim reconhecem o mysterio da Encarnação, dizendo que o Filho de Deos se fez homem; tem mais o mysterio da Santissima Trindade, muy distinto; e dizem que deos he Trino e Uno; usão de confissão, mas em certos casos somente com o seu lambà mayor; tem vasos de agoa benta muito limpos, da qual leuão os particulares pera sua casa; usão certos lavatorios, que parece representão o sagrado Baptismo; tem a ley dos Mouros por abominauel, e zombão muito da do Gentio...

Esta singularidade que emergiu do encontro das culturas europeia com a asiática, e ao mesmo tempo do profundo desconhecimento que a Europa tinha em relação à Ásia, revela a identificação de princípios ecumênicos subjacentes ao cristianismo e ao budismo, e expressa, ao mesmo tempo, aquela dimensão universal do homem, que busca a perfeição do Ser por meio do reconhecimento das leis fundamentais do existir, em uma completude da vida e em um ir sendo para a eternidade.

Mas o budismo que o padre António de Andrade viu e descreveu foi o da tradição *mahāyāna*, o "Grande Veículo" (a Grande Via) do budismo do Norte, apoiado nos textos búdicos traduzidos posteriormente do sânscrito para o tibetano, enquanto os aforismos do *Dhammapada* emergiram entre a tradição *hīnayāna*, o "Pequeno Veículo" de linhagem *theravādin*, em tempo anterior. Seguindo a mesma tradição oral de transmissão do conhecimento, esses aforismos foram passados de geração em geração durante trezentos anos após a morte de Buda, mas em língua páli. Buda falava o *ardha-māghadī*, da região de Maghada, e deve ter sido em sua própria língua que proferiu o *Dhammapada*. O páli era outra língua, sem dúvida próxima do *māghadī*, mas restrita à região do Noroeste da Índia. A perda de influência do *māghadī* e a elevação do páli como língua sagrada entre a tradição *hīnayāna* devem ter estado ligadas à decadência do reino de Maghada e ao fato de, durante os trezentos anos de transmissão oral do *Dhammapada*, o páli ter passado a ser a língua de transmissão da mensagem de Buda durante o reinado do imperador Aśoka. Quando o *Dhammapada* finalmente foi passado à forma escrita, no Ceilão, tanto o páli como o sinhali eram línguas vivas, permeáveis a várias influências e evoluções características de qualquer língua viva. Sendo o páli uma forma mais simplificada e abreviada nas regras gramaticais do que o sânscrito, que é uma língua clássica, as sutilezas etimológicas que encontramos no sânscrito não são ali evidentes. Este fato causou grandes problemas nas primeiras traduções e na interpretação das etimologias, sendo necessário recorrer a excertos de versões sanscríticas ainda existentes e a versões em outras línguas, nomeadamente a tradução chinesa do *Dhammapada*, que nunca se perdeu. Assim, surgiu uma primeira compilação completa do *Dhammapada* em 972 d.C., que parece ter ficado confinada à China. Foi só então, em 1855, que uma edição completa do chinês para o latim veio a lume, organizada por Victor Fausböll[4] e, mais tarde, em 1885, o Ven. B. Sri Dharmapala Nayaka Thero apresentou o texto integral em páli. No entanto, vários especialistas europeus traduziram, parcialmente ou na totalidade, o *Dhammapada*, contribuindo desta forma tanto para os estudos búdicos como para a divulgação do próprio texto.

---

4. O mesmo texto chinês (*Fa-Kheu-King*) viria a ser traduzido para o inglês por Samuel Beal, em 1878. A versão chinesa originou-se em uma outra versão em páli, datada de 223 d.C., e em cuja introdução se diz ter sido realizada graças à cooperação entre dois escribas, um indiano (Tsiang-sin) e outro chinês (Wei-Chi-lan). A tradução chinesa foi da autoria do xamã Wei-Chi-lan e outros, e explica que vários xamãs, em sucessivos tempos, copiaram dos textos canônicos várias *gāthās* de quatro e de seis linhas, acrescentando a cada verso um pequeno comentário.

Eugene Burnouf, Gogerly (1840), Upham, Weber, Childers, Rhys Davids, F. Max Müller (1881) e Fernand Hû (1878) foram os mais destacados e laboriosos orientalistas que trabalharam estes aforismos de Buda e que os traduziram do páli para o inglês, o francês e o alemão, mas igualmente outros eminentes orientalistas traduziram de outras línguas orientais, como T. Rogers, do burma para o inglês; e Brough, do *gāndhārī*;[5] Schiefner identificou e tentou traduzir o texto que tinha descoberto no Tibete, uma forma híbrida de sânscrito do *Dhammapada*, hoje designada por *texto de Patna*,[6] mas sua morte prematura impediu-o de concluir a tarefa. A partir do século XX deu-se então a grande divulgação do *Dhammapada* no ocidente, resultado da expansão dos ensinamentos budistas entre a sociedade contemporânea e da adesão dos ocidentais ao budismo. Deste movimento destacam-se as traduções do páli realizadas por Mahā Thera Nārada, Harischandra Karviratna, Acharya Buddharakkhita (1985), Walpola Rahula, Mahinda Palihawadana (1987), John Richards (1993), Thanissaro Bhikkhu (1997) e Nikunja Vihari Banerjee (2000). Mas, apesar das vicissitudes por que passou o *Dhammapada*, o conteúdo da mensagem manteve-se intacto.

Ao longo dos 423 versos que compõem o *Dhammapada*, um olhar treinado consegue distinguir a tradição da filosofia clássica indiana do *Sāṁkhya*, assim como as leis fundamentais que se encontram descritas no *Sanātana-Dharma* ("Religião Eterna" ou "Ordem Permanente") de tradição hindu. As semelhanças não são para causar estranheza, pois há uma base cultural comum partilhada desde o começo da civilização indiana, que mais tarde se foi dividindo em vários ramos de tendências religiosas e filosóficas. Não há, portanto, diferenças fundamentais entre o *Dhammapada* e as leis expostas pelo *Sanātana-Dharma*, apenas uma interpretação, uma adaptação e uma síntese do que já era conhecido geralmente pela sociedade erudita, mas dado pelo Buda como revelação sob uma forma livre do preconceito bramânico, livre das convenções e dos protocolos que defendiam

---

5. Esta versão escrita em caracteres *kharoṣṭhī* só contém metade dos versos, e a forma como estão dispostos põe em dúvida se se trata realmente de uma tradução de um texto páli do *Dhammapada*, ou o resultado de uma tradição oral independente do Norte da Índia.

6. Há outra obra escrita em sânscrito designada por *Udānavarga*, que contém vários versos comuns aos do *Dhammapada*, mas, tal como a versão *gāndhārī*, não parece evidenciar um contato direto com a versão páli. Essas aparentes traduções (ou versões) sugerem-nos duas hipóteses explicativas para o fenômeno de uma emergência geograficamente tão extensa: a primeira ligada a uma tradição oral não páli, localizada apenas no Norte da Índia e entre as comunidades de falantes do *māghadī*, do *gāndhārī* e eruditos do sânscrito; a segunda proveniente de um fundo de conhecimentos filosóficos e éticos comuns que derivam do *Sāṁkhya* e do *Sanātana-Dharma*.

a exclusividade da tradição para a casta sacerdotal dos brâmanes; para o Buda, tratar-se-ia provavelmente de repor a "Ordem" como ela era mil ou dois mil anos antes. Uma "Ordem" no nível do pensamento, da ética e do livre acesso de toda pessoa (homem ou mulher) ao caminho espiritual. Em essência, a grande revolução iniciada por Buda, tendo como ponto de partida o *Dhammapada*, foi a do Conhecimento e a da Compaixão.

Este ponto é fundamental em toda a discussão filosófica e filológica, pois demonstra uma divergência que não parece ter emergido apenas com Buda, sendo, porém, mais antiga e remontando ao período da cultura do vale do Sarasvatī (Harappā e Mohenjo-Dāro). Por outro lado, o fato de o conhecimento búdico não ter sido transmitido na língua clássica praticada e usada nos textos tradicionais hindus (o sânscrito), mas no *ardha-māghadī* e principalmente no páli, demonstra que Buda pretendeu transmitir sua mensagem para todos, não só para os eruditos (embora ele falasse igualmente o sânscrito entre os eruditos). Outra questão de fundo não menos sensível, e que ainda hoje mantém atarefados os linguistas e filólogos do indo-europeu, envolve a importância e a emergência de uma língua vernacular (como o páli) que se sobrepõe ao sânscrito, que, embora com o mesmo fundo lexical deste, diverge na significação própria de muitos termos, justamente termos que adquirem uma carga intencional diferente quando usados em um contexto bramânico. Esse contraste é a evidência de um choque social e cultural de longa duração na sociedade indiana, em que uma minoria (bramânica) se impôs na sociedade, em um tempo em que se deram grandes rupturas, em um período que os historiadores conhecem como "sem informação", e que corresponde ao colapso da civilização do Vale do Indo. Podemos pôr então a questão: Teriam sido o védico (designado pelo gramático Pāṇini por *Chandas* ou *Ārṣam*), o *māghadī*, o *gāndhārī* ou o páli as línguas vernaculares (*prākṛtī*) mais faladas durante o começo da civilização indiana, e o sânscrito um aperfeiçoamento derivado do védico que aflorou entre aqueles que se denominaram por sacerdotes (*brahmanes*)? A posição de A. L. Basham (1954, p. 391), que representa o consenso majoritário sobre o aparecimento do sânscrito, define nestes termos a evolução:

> A língua escolhida pelos Sthaviravādins [Theravādins] foi a ocidental, provavelmente falada na região de Sānchī e de Ujjayinī. O Pāli, que ainda é a língua religiosa dos budistas de Ceilão, Burma e do Sudeste Asiático, parece estar mais próximo do Védico do que do Sânscrito clássico.

Mas esta discussão continua em aberto. E não deixa de ser intrigante a "acusação" que o hino védico 7.104.20-22 faz em relação a outro tipo de sacerdotes que competiam com os autores do hinário – é necessário que se diga que o *Ṛgveda* deve ter sido composto oralmente ao longo de alguns milhares de anos, antes, portanto, da criação do sânscrito e do alfabeto *devanāgarī*, e que os últimos hinos podem corresponder à fase da cultura de Harappā/Mohenjo-Dāro (2500-1500 a.C.). Descreve assim o referido hino:

> Ali vão eles! Os cães-feiticeiros estão a fugir. Maliciosos eles desejam atingir Indra, que não pode ser atingido. Indra afia a tua arma contra os difamadores. Que ele lance o seu raio sobre os feiticeiros... Mata o mocho-feiticeiro, a curuja-feiticeira, o cão-feiticeiro, o cuco-feiticeiro, a águia-feiticeira, o abutre-feiticeiro.

As diferenças são tão contrastantes que podemos nos perguntar se aqueles sacerdotes não teriam igualmente uma língua diferente da dos sacerdotes que compuseram os hinos védicos. Essa mesma necessidade de mostrar a diferença não é apenas evidente no *Ṛgveda*, mas igualmente entre os budistas em relação aos brâmanes, como aparece no último canto do *Dhammapada*, justamente sobre a definição (etimológica) da palavra *Brahman* (cf. versos 383-423); para uns, *Brahman* era sinônimo de casta e um direito social por nascimento; para os outros, uma via para chegar à libertação e acessível a qualquer pessoa (homem ou mulher). Do mesmo modo, *ārya* significou entre os brâmanes aquele que é de raça pura, enquanto, na tradição búdica, designa apenas aquele que é dotado de reta razão. Com efeito, aqueles animais referem especificamente clãs que compunham uma das tribos envolvidas na guerra do Mahābhārata, a tribo dos yadus. Assim, os kukuras (*cães*, clã ao qual pertencia Kṛṣṇa), os kaiśikas (*mochos*) e os gṛdhras (*abutres*) foram clãs da tribo dos yadus, tal como aparecem mencionados no grande conto fundador da Índia, onde *Anus*, *Druhyus*, *Turvaśas*, *Yadus* e *Pūrus* se opuseram no campo de batalha. Os yādus ocupavam uma vasta zona da Índia Pré-Clássica e Clássica, estendendo-se desde a região do rio Indo, ao Sarasvatī e ao Ganges, e do Gujarate ao Rajastão. O reino no qual nasceu Buda e onde se falava o *māghadī* e o páli, o reino de Maghada, ficava justamente entre o Indo e o Ganges. Percebe-se agora mais claramente onde e como se podem ter originado as diferenças sociais, filosóficas e filológicas.

Quando se afirma academicamente que, quando Buda morreu (*c.* 483 a.C.), o *Dharma* já se encontrava bem divulgado na Índia Central, deve se dizer igualmente que seu conteúdo foi apreendido facilmente (entre aqueles que aderiram à mensagem de Buda), porque lhe reconheceram os traços indeléveis do *Sanātana-Dharma*. A missionação búdica muito deveu igualmente ao fundo comum da cultura indiana, e é neste sentido que a influência do *Sāṁkhya* sobre o *Dhammapada* é decorrente de um contínuo comum, pois se trata da escola de pensamento indiano da qual todas as outras saíram e se desenvolveram. Buda, ao ter pronunciado seus discursos de forma simples e aforística, e provavelmente fazendo uso do estilo *kāvya*, valeu-se de sua bagagem intelectual filosófica que, como se sabe, incluía o domínio do sânscrito (da etimologia, da gramática, do significado particular de cada letra do alfabeto) e da própria filosofia do *Sāṁkhya*. É assim que podemos reconhecer em várias passagens do *Dhammapada* – nomeadamente nos versos 7-8, 72, 137-140, 186-187, 191-192, 211 e em todo o capítulo da *Sede* – alguns *sūtras* do *Tattva-Samāsa* atribuídos a Kāpila, o fundador do *Sāṁkhya*:

> *Dhammapada* (7-8) – Aquele que procura o prazer, que encontra prazer nos objetos físicos, cujos sentidos são insubmissos, que é imoderado na comida, indolente e desatento, o mal (*Māra*) prevalece nele, como faz o vento da monção contra uma árvore de raiz fraca. Aquele que não tem nenhum prazer nos objetos físicos, que tem perfeito controle nos sentidos e é moderado na comida, cuja fé não vacila, que é enérgico, nele *Māra* não prevalece mais, assim como faz o vento contra uma montanha rochosa. (25) – Por meio da diligência, da vigilância, do autodomínio e do controle dos sentidos, o sábio aspirante faz uma ilha para si próprio que nenhuma cheia pode inundar. (186-187) – Não há nenhuma satisfação para os sentidos, nem mesmo com uma chuva de dinheiro. O homem sábio, sabendo que as delícias dos sentidos são um prazer passageiro e a causa da dor, não encontra nenhuma alegria nem nos prazeres celestiais. O verdadeiro discípulo dos Budas só se encanta na destruição dos desejos mundanos.
>
> *Tattva-Samāsa* – षोडशकस्तु विकारः ॥३॥ (*ṣoḍaśakastu vikāraḥ* || *3* ||) – As transformações são apenas dezesseis.
>
> **Comentário:** Essas transformações – विकारः (*vikāraḥ*) – são constituídas pelos cinco elementos (terra, água, ar, fogo e éter), pelos cinco sentidos de ação (vista, ouvido, língua, pele e locomoção), os cinco sentidos de percepção (visão, audição, fala, sensação e locomoção) e pelo intelecto (*manas*).
>
> पञ्चाभिबुद्धयः ॥८॥ (*pañcābhibuddhayaḥ* || *8* ||) – As faculdades cognitivas são cinco.
>
> **Comentário:** A cognição é constituída por três sentidos internos (*buddhi*, *ahaṁkāra* e *manas*), um de percepção (os cinco sentidos) e outro de ação (as cinco ações).

Dhammapada (72) – Qualquer conhecimento que um louco adquira causa-lhe unicamente dor. Quebra a cabeça e destrói sua boa natureza. (137-140) – Aquele que inflige castigo a quem não merece, e magoa aqueles que são inofensivos, essa pessoa virá a enfrentar uma destas dez situações (...). (191-192) – O sofrimento, a origem do sofrimento, a cessação do sofrimento e o Nobre Caminho das Oito Partes que leva à cessação do sofrimento. Isto é verdadeiramente o seguro refúgio e o supremo refúgio. Depois de ter chegado a este refúgio, o homem liberta-se do sofrimento. (211) – Portanto, não te deixes atrair por nada. Perder aquilo de que gostamos é doloroso, mas para aquele que não tem elos não há prazer nem dor.

Tattva-Samāsa – अध्यात्ममधिभूतमधिदैवं च ॥७॥ (*adhyātmam adhibhūtam adhidaivataṃ ca || 7 ||*) – A dor é de três tipos: *Adhyātma*, *Adhibhūta* e *Adhidaiva*.

Comentário: A dor pode ser causada pelo tipo de nascimento, determinada pela genética e pela doença; pelo homem a si mesmo e aos outros, pelos animais ao homem ou por objetos ao homem; e pelas influências planetárias.

एतत् सम्यग् ज्ञात्वा कृतकृत्यः स्यात् । न पुनस्त्रिविधेन दुःखेनाभिभूयते ॥२२॥ (*etat samyag jñātvā kṛtakṛtyaḥ syāt | na punastrividhena duḥkhenābhibhūyate || 22 ||*) – Adquirindo todo esse conhecimento o homem realiza-se e não sofrerá outra vez dos três tipos de dor.

Mas o estilo em que o *Dhammapada* foi escrito (ou divulgado oralmente até chegar à forma escrita) não o define como um tratado de filosofia, pelo menos não na forma clássica como as seis escolas do pensamento tradicional (*mīmāṁsā*, *vedānta*, *sāṁkhya*, *yoga*, *nyāya* e *vaiśeṣika*) expuseram seus textos fundadores e respectivos comentários. A forma literária eleita pelo budismo, no que diz respeito à coletânea de versos que compõem o *Dhammapada*, insere-se na tradição *kāvya,* caracterizada pelo recurso que faz à descrição dos "gostos" (*rasa*), ou ao desenvolvimento que promove em relação ao sentido do "gosto". A melhor maneira de entender por que o budismo se fez valer desta tradição é por meio de outro texto mais antigo, chamado *Saṁyutta-nikāya*, em que se explicam os fatores necessários para desenvolver o gosto pelo objetivo último do caminho do budismo. Esses fatores são quatro: estar próximo de pessoas íntegras e ouvir seus ensinamentos; ter uma atenção apropriada; ter discernimento sobre como aplicar o conhecimento à sua própria vida; e, finalmente, praticar os ensinamentos de forma justa. Os primeiros budistas usavam a tradição do *kāvya* ligada a esses quatro fatores, de modo a cativar a atenção e a motivarem o ouvinte. O *kāvya* foi o utensílio pedagógico e literário para transmitir o conhecimento do *Dhamma* (sâns. *Dharma*).

Assim, fazendo uso das características do estilo *kāvya*, o *Dhammapada* desperta no ouvinte e no leitor vários estados de alma chamados *bhaya*, com o objetivo de apontar o caminho da libertação. Estas emoções básicas incluem o "amor" (prazer), o humor, a raiva, o medo, a aflição, a energia, a repulsa e a surpresa, emoções que só o "sabor da verdade" pode ultrapassar: "O dom da Verdade ultrapassa todos os dons. O sabor da Verdade excede todos os sabores. O encanto da Verdade supera todos os encantos. A destruição do apego supera todo o sofrimento" (*Sūtra* 354). A escolha deste estilo tão peculiar residiu no simples fato do *kāvya* ser constituído por uma teoria ética e estética que se destinava a ser usada na sociedade indiana para ensinar altos valores da vida e, ao mesmo tempo, proporcionar bem-estar e contentamento. É dessa forma que muitos versos pressupõem, no mínimo, a passagem de um conhecimento verdadeiro da doutrina do budismo, feito de viva voz pelo próprio Buda e assim continuado pela tradição oral. Outros versos, porém, empregam vários níveis de linguagem típica do estilo *kāvya*, e é nesse sentido que o próprio Buda refere não só a necessidade de uma pessoa entendida ser versada nas etimologias, como também ser íntegra, cujas ações tenham o "sabor" da doçura:

> Que cada um se firme primeiro na reta conduta, só então poderá aconselhar aos outros. Tal homem sábio não sofre de nenhuma acusação. (*Sūtra* 158)
>
> O *Bhikkhu* que controla a língua profere sábias palavras e é equilibrado, que esclarece o sentido das coisas e é doce, em verdade ele tem o dom da palavra. (*Sūtra* 363)

Mas o *Dhammapada* não apresenta uma coerência poética, antes é desigual e irregular, indicando, dessa maneira, que a forma escrita do *Dhammapada* foi realizada por várias mãos e por várias memórias que sofreram o desgaste de trezentos anos.

Mas, mesmo de forma por vezes irregular, o ornamento poético de estilo *kāvya* desenrolava-se de maneira complexa, recorrendo a quatro figuras de estilo (o sorriso, a metáfora, a rima e a luz) e dez "qualidades", que representam geralmente atributos (do som, da sintaxe e do sentido), como a simpatia, a clareza, a delicadeza, o equilíbrio, a exaltação, a doçura e a força. Os textos antigos não são explícitos quanto ao sentido prático desses termos, mas como eles encontram sua origem nos cinco sentidos, e estes estão perfeitamente definidos nos dez *Indriyas* tal como o *Sāṁkhya* os expõe, depreendemos que as qualidades exaltadas e concorrentes no bom caráter e integridade do indivíduo são formas manifestamente desejadas e desenvolvidas por todos aqueles que almejam se libertar e atingir um estado de pureza tal, categorizado no próprio *Sāṁkhya* como o estado de existência *Sattva*. Estes dez *Indriyas* compõem-se pelos cinco órgãos de percepção (olho, ouvido, nariz, língua e pele, designados por *buddhīndriyāni* ou *jñānendriyāni*) e pelos cinco órgãos de ação (laringe, mão, pé, ânus e órgãos genitais, designados por *karmendriyāni*). Assim, os "gostos" e as "qualidades" usados no estilo *kāvy* tornam-se alusões evidentes aos diferentes estados de alma de um indivíduo em seu processo de desenvolvimento espiritual, desde o estado bruto ao virtuoso.

Podemos compreender, então, que alguns atributos se encontrem tipificados nas três qualidades conhecidas classicamente pela designação de *gunas* (*sattva, rajas* e *tamas*), por exemplo a força e a exaltação ao "gosto" heroico (*rajas*), e a "doçura" à forma de falar e à virtude (*sattva*). Mas entre os dez *Indriyas* e a alma (*ātman*), entre o mundo das sensações e o existente, permanece a mente (*manas*), considerada o décimo primeiro órgão, responsável por todos os fenômenos, pela felicidade e pela infelicidade, pela dor e por sua ausência, e é justamente pela mente que começa o *Dhammapada* quando diz:

> Todos os fenômenos da existência têm a mente (*manas*) como origem, a mente como seu supremo líder, e da mente são feitos. Se com uma mente impura alguém fala ou age, o sofrimento persegue-o da mesma maneira como a roda (*cakka*) segue o casco do boi. (*Sūtra* 1)

Prof. Dr. José Carlos Calazans
Lisboa, 2018

1
OS VERSOS GÊMEOS

यमकवग्गो पठमो

Yamakavaggo Paṭhamo

मनोपुब्बङ्गमा धम्मा मनोसेट्ठा मनोमया।
मनसा चे पदुट्ठेन भासति वा करोति वा।
ततो नं दुक्खमन्वेति चक्कं व वहतो पदं ॥१॥

Manopubbaṅgamā dhammā manoseṭṭhā manomayā |
manasā ce paduṭṭhena bhāsati vā karoti vā |
tato naṁ dukkham-anveti cakkaṁ va vahato padaṁ || 1 ||

मनोपुब्बङ्गमा धम्मा मनोसेट्ठा मनोमया।
मनसा चे पसन्नेन भासति वा करोति वा।
ततो नं सुखमन्वेति छाया व अनपायिनी ॥२॥

Manopubbaṅgamā dhammā manoseṭṭhā manomayā |
manasā ce pasannena bhāsati vā karoti vā |
tato naṁ sukham-anveti chāyā va anapāyinī || 2 ||

अक्कोच्छि मं अवधि मं अजिनि मं अहासि मे।
ये च तं उपनय्हन्ति वेरं तेसं न सम्मति ॥३॥

Akkocchi maṁ avadhi maṁ ajini maṁ ahāsi me |
ye ca taṁ upanayhanti veraṁ tesaṁ na sammati || 3 ||

अक्कोच्छि मं अवधि मं अजिनि मं अहासि मे।
ये च तं नुपनय्हन्ति वेरं तेसूपसम्मति ॥४॥

Akkocchi maṁ, avadhi maṁ ajini maṁ ahāsi me |
ye taṁ na upanayhanti veraṁ tesūpasammati || 4 ||

न हि वेरेन वेरानि सम्मन्तीध कुदाचनं।
अवेरेन च सम्मन्ति एस धम्मो सनन्तनो ॥५॥

Na hi verena verāni sammantīdha kudācanaṁ |
averena ca sammanti, esa dhammo sanantano || 5 ||

1. Todos os fenômenos da existência têm a mente (*manas*) como origem, a mente como seu supremo líder, e da mente são feitos. Se com uma mente impura alguém fala ou age, o sofrimento persegue-o da mesma maneira como a roda (*cakka*) segue o casco do boi.

2. Todos os fenômenos da existência têm a mente como origem, a mente como seu supremo líder, e da mente são feitos. Se com uma mente pura alguém fala ou age, a felicidade (*sukha*) persegue-o como uma sombra (*chāyā*) que nunca o deixa.

3. O ódio (*verena*) daqueles que guardam sentimentos doentios, como "Ele insultou-me, assaltou-me, derrotou-me e roubou-me", não é facilmente apaziguado.

4. O ódio daqueles que não guardam sentimentos doentios, como "Ele insultou-me, assaltou-me, derrotou-me e roubou-me", é facilmente apaziguado.

5. Por meio do ódio, os ódios nunca são desfeitos; por meio do amor (*averena*) os ódios são sempre desfeitos – e esta é uma lei eterna.

परे च न विजानन्ति मयमेत्थ यमामसे।
ये च तत्थ विजानन्ति ततो सम्मन्ति मेधगा ॥६॥

Pare ca na vijānanti mayam-ettha yamāmase,
ye ca tattha vijānanti tato sammanti medhagā || 6 ||

सुभानुपस्सिं विहरन्तं इन्द्रियेसु असंवुतं।
भोजनम्हि चामत्तञ्ञुं कुसीतं हीनवीरियं।
तं वे पसहति मारो वातो रुक्खं व दुब्बलं ॥७॥

Subhānupassiṁ viharantaṁ indriyesu asaṁvutaṁ |
bhojanamhi cāmattaññuṃ kusītaṁ hīnavīriyaṁ |
taṁ ve pasahati Māro vāto rukkhaṁ va dubbalaṁ || 7 ||

असुभानुपस्सिं विह रन्तं इन्द्रियेसु सुसंवुतं।
भोजनम्हि च मत्तञ्ञुं सद्धं आरद्धवीरियं।
तं वे नप्पसहति मारो वातो सेलं व पब्बतं ॥८॥

Asubhānupassiṁ viha rantaṁ indriyesu susaṁvutaṁ |
bhojanamhi ca mattaññuṁ saddhaṁ āraddhavīriyaṁ |
taṁ ve nappasahati Māro vāto selaṁ va pabbataṁ || 8 ||

अनिक्कसावो कासावं यो वत्थं परिदहिस्सति।
अपेतो दमसच्चेन न सो कासावमरहति ॥९॥

Anikkasāvo kāsāvaṁ yo vatthaṁ paridahessati |
apeto damasaccena na so kāsāvam-arahati || 9 ||

यो च वन्तकसावस्स सीलेसु सुसमाहितो।
उपेतो दमसच्चेन स वे कासावमरहति ॥१०॥

Yo ca vantakasāvassa, sīlesu susamāhito |
upeto damasaccena sa ve kāsāvam-arahati || 10 ||

6. A maioria das pessoas nunca percebe que todos nós um dia morreremos aqui (neste mundo). Mas aqueles que percebem essa verdade resolvem suas quizilas pacificamente.

7. Aquele que procura o prazer, que encontra prazer nos objetos físicos, cujos sentidos são insubmissos, que é imoderado na comida, indolente e desatento, o mal (*Māra*) prevalece nele, como faz o vento da monção contra uma árvore de raiz fraca.

8. Aquele que não tem nenhum prazer nos objetos físicos, que tem controle perfeito nos sentidos e é moderado na comida, cuja fé não vacila, que é enérgico, nele *Māra* não prevalece mais, assim como faz o vento contra uma montanha rochosa.

9. Aquele que veste o manto amarelo (*kāsāva*) sem se purificar da sensualidade, que é destituído de autodomínio e é falso, esse não está realmente destinado a usar o manto amarelo.

10. Aquele que se purificou de toda a sensualidade, seguro de suas virtudes morais, que tem autodomínio e é verdadeiro, esse está realmente destinado a usar o manto amarelo.

असारे सारमतिनो सारे चासारदस्सिनो।
ते सारं नाधिगच्छन्ति मिच्छासङ्कप्पगोचरा॥११॥

Asāre sāramatino sāre cāsāradassino |
te sāraṁ nādhigacchanti micchāsaṅkappagocarā || 11 ||

सारञ्च सारतो ञत्वा असारञ्च असारतो।
ते सारं अधिगच्छन्ति सम्मासङ्कप्पगोचरा॥१२॥

Sārañ-ca sārato ñatvā asārañ-ca asārato |
te sāraṁ adhigacchanti sammāsaṅkappagocarā || 12 ||

यथा अगारं दुछन्नं वुट्ठी समतिविज्झति।
एवं अभावितं चित्तं रागो समतिविज्झति॥१३॥

Yathā agāraṁ ducchannaṁ vuṭṭhī samativijjhati |
evaṁ abhāvitaṁ cittaṁ rāgo samativijjhati || 13 ||

यथा अगारं सुछन्नं वुट्ठी न समतिविज्झति।
एवं सुभावितं चित्तं रागो न समतिविज्झति॥१४॥

Yathā agāraṁ succhannaṁ vuṭṭhī na samativijjhati |
evaṁ subhāvitaṁ cittaṁ rāgo na samativijjhati || 14 ||

इध सोचति पेच्च सोचति पापकारी उभयत्थ सोचति।
सो सोचति सो विहञ्ञति दिस्वा कम्मकिलिट्ठमत्तनो॥१५॥

Idha socati pecca socati pāpakārī ubhayattha socati |
so socati so vihaññati disvā kammakiliṭṭham-attano || 15 ||

इध मोदति पेच्च मोदति कतपुञ्ञो उभयत्थ मोदति।
सो मोदति सो पमोदति दिस्वा कम्मविसुद्धिमत्तनो॥१६॥

Idha modati pecca modati katapuñño ubhayattha modati |
so modati so pamodati disvā kammavisuddhim-attano || 16 ||

11. Aqueles que tomam a ilusão por realidade e a realidade como ilusão, e assim são vítimas de ideias erradas, nunca alcançam o essencial.

12. Tendo percebido o essencial como o essencial e o não essencial como o não essencial, aqueles que assim seguem o pensamento correto atingem o essencial.

13. Como a chuva da monção que trespassa um telhado mal colmado de uma casa, assim a luxúria entra em uma mente indisciplinada.

14. Como a chuva da monção que não trespassa um telhado bem colmado de uma casa, assim a luxúria não entra em uma mente disciplinada.

15. O pecador lamenta aqui, lamenta (no) além e lamenta em ambos os mundos. Vendo-se impuro pelos próprios pecados, o malfeitor aflige-se e é afligido.

16. Aquele que pratica ações benéficas alegra-se aqui e alegra-se (no) além; assim ele alegra-se em ambos os lugares. Vendo suas puras ações, ele alegra-se muito.

इध तप्पति पेच्च तप्पति पापकारी उभयत्थ तप्पति ।
पापं मे कतन्ति तप्पति भिय्यो तप्पति दुग्गतिं गतो ॥१७॥

Idha tappati pecca tappati pāpakārī ubhayattha tappati |
pāpaṁ me katan-ti tappati bhiyyo tappati duggatiṁ gato || 17 ||

इध नन्दति पेच्च नन्दति कतपुञ्ञो उभयत्थ नन्दति ।
पुञ्ञं मे कतन्ति नन्दति भिय्यो नन्दति सुग्गतिं गतो ॥१८॥

Idha nandati pecca nandati katapuñño ubhayattha nandati |
puññaṁ me katan-ti nandati bhiyyo nandati suggatiṁ gato || 18 ||

बहुम्पि चे सहितं भासमानो न तक्करो होति नरो पमत्तो ।
गोपो व गावो गणयं परेसं न भागवा सामञ्ञस्स होति ॥१९॥

Bahum-pi ce sahitaṁ bhāsamāno na takkaro hoti naro pamatto |
gopo va gāvo gaṇayaṁ paresaṁ na bhāgavā sāmaññassa hoti || 19 ||

अप्पम्पि चे संहित भासमानो धम्मस्स होति अनुधम्मचारी ।
रागञ्च दोसञ्च पहाय मोहं सम्मप्पजानो सुविमुत्तचित्तो ।
अनुपादियानो इध वा हुरं वा स भागवा सामञ्ञस्स होति ॥२०॥

Appam-pi ce saṁhita bhāsamāno Dhammassa hoti anudhammacārī |
rāgañ-ca dosañ-ca pahāya mohaṁ sammappajāno suvimuttacitto |
anupādiyāno idha vā huraṁ vā sa bhāgavā sāmaññassa hoti || 20 ||

17. Ele arrepende-se aqui, arrepende-se (no) além, o pecador arrepende-se em ambos os mundos. "Eu pratiquei o mal", enquanto pensa assim, ele arrepende-se. Tendo seguido o caminho do mal, ele arrepende-se até mesmo mais.

18. Ele alegra-se aqui, ele alegra-se lá[7], o praticante de boas ações alegra-se em ambos os mundos. "Eu pratiquei o bem", enquanto pensa assim, ele alegra-se. Tendo seguido o auspicioso caminho, ele alegra-se muito.

19. Um homem descuidado, que, embora fale muito do Cânon, não age adequadamente, é como um covarde que conta o gado de outros. Ele não pertence à serenidade do asceta.

20. Um homem que embora recite só um pouco do Cânon, mas que aja de acordo com os preceitos da Lei Sagrada, que se libertou da luxúria, do ódio e da ilusão, fortaleceu-se no livre pensamento e não agarra nenhuma posse mundana aqui ou (no) além – tal pessoa torna-se realmente um asceta sereno.

---

7. Depois da vida.

Comentários

Sūtras 1-6

A mente (sâns. *manas*) localizada no coração, cujo termo deriva da raiz *man* (homem), é a origem de todos os fenômenos (*dhamma*) psicofísicos, mas ao mesmo tempo é o que permite perceber a transcendentalidade do próprio homem. Esta raiz indica simultaneamente, para além da etimologia, o "homem" como origem espiritual existente em todos os homens, designado por *puruṣa* na filosofia clássica. Por conseguinte, e pela falta de conhecimento sobre a existência do Ser, a mente se torna impura e origina o sofrimento. A ignorância torna-se assim a geradora da dor (*dukkha*), do ódio (*verena*) e da tristeza (*soka*). Mas aquele que conscientemente usa a mente de forma adequada e não desvirtua os cinco sentidos cognitivos (*buddhīndriyāni*) e de ação (*karmendriyāni*), esse é uma pessoa que seguramente encontra a felicidade (*sukha*) – quer seja nas pequenas coisas da vida quer seja a felicidade suprema adquirida por intermédio da meditação (pāl. *jhāna* e sâns. *dhyāna*).

Sūtras 7-8

Māra, igualmente designado por *maccu*, e geralmente apresentado como a personificação do mal, popularizado como a figura do diabo, encarna todos os sentimentos vis e concupiscentes, representando as dificuldades do percurso espiritual. Iconograficamente, é representado como um belo rapaz armado de arco e flechas de flores, prontas a serem desferidas e a causarem as mais terríveis tentações, difíceis de resistir por meros mortais. Também Buda foi tentado quando se encontrava a meditar sob a árvore Bo, e para que não atingisse o *nirvāṇa* o deus *Māra* enviou um exército de demônios famintos (os pensamentos). Não conseguindo demover Buda, enviou depois suas três filhas, a luxúria, a concupiscência e a sede (as pulsões subconscientes), que o Iluminado prontamente identificou e afastou.

Sūtra 9

O manto amarelo que Buda usava tornou-se a regra para todos os monges. Este manto, feito pelo próprio Buda, era composto por farrapos recolhidos nos locais de cremação, cosidos juntos e tintados com ocre. Este mesmo manto foi tido com grande veneração por certas escolas (como a Ch'an), a ponto da transmissão do manto amarelo e da tigela de mendigo serem a única distinção daqueles que atingiram a Libertação.

Sūtras 15-18

A expressão "no além" refere-se à hipótese postulada pelo budismo da continuidade da vida depois da morte, e que, no *Dharma*, não é mais do que um momento particular dessa continuidade enquanto subsistir a sede de viver, a sede do ressentimento e a sede da ilusão. Toda ação, palavra ou ideação – consciente, aceita, motivada e intencional – é a causa das impressões ou registros, designados por *saṃskāra*. A combinação destes *saṃskāra* forma o *karma* das existências, o mesmo *karma* que no momento da morte dá origem a outras combinações e a outros nascimentos. Essa teoria é geralmente mal compreendida pelo povo e requer o estudo dos textos, assim como um conhecimento direto do coração derivado do quarto *dhyāna*. *Karma-vipāka*, o *karma* resultante das ações, é designado por *acinteyya*, "impensável" ou "não conhecido" pelo intelecto. *Saṁskāra*, *karma* e *dhyāna* correspondem, respectivamente, em páli, a *saṅkhāra*, *kamma* e *jhāna*. Os estados deploráveis ou felizes são os estados de existência nos três mundos da cosmogonia budista. O mundo sem forma e o mundo da forma sutil são os lugares (*loka*) das existências supra-humanas, que podemos chamar de angélicas e, por isso, felizes: os lugares das existências felizes dos *Devas*, os Deuses ou Luminosos, mas não menos sujeitos à insatisfação e à impermanência. No terceiro mundo, regido pelos desejos dos sentidos (no *Dharma*, a mente é o sexto sentido), contam-se as existências humanas felizes e miseráveis, assim como existências exclusivamente miseráveis – como as dos animais, as dos que morreram esfomeados, as dos titãs (os *Asuras*) e as dos demônios. Podemos relacionar esta noção, um pouco mitológica, aos estados de consciência experimentados pelo homem: divinos no êxtase, embrutecidos na bestialidade, titânicos na fúria, demoníacos no desespero.

11
A VIGILÂNCIA

अप्पमादवग्गो दुतियो

Appamādavaggo Dutiyo

अप्पमादो अमतपदं पमादो मच्चुनो पदं।
अप्पमत्ता न मीयन्ति ये पमत्ता यथा मता ॥२१॥

Appamādo amatapadaṁ pamādo maccuno padaṁ |
appamattā na mīyanti ye pamattā yathā matā || 21 ||

एतं विसेसतो ञत्वा अप्पमादम्हि पण्डिता।
अप्पमादे पमोदन्ति अरियानं गोचरे रता ॥२२॥

Etaṁ visesato ñatvā appamādamhi paṇḍitā |
appamāde pamodanti Ariyānaṁ gocare ratā || 22 ||

ते झायिनो साततिका निच्चं दळ्हपरक्कमा।
फुसन्ति धीरा निब्बानं योगक्खेमं अनुत्तरं ॥२३॥

Te jhāyino sātatikā niccaṁ daḷhaparakkamā |
phusanti dhīrā Nibbānaṁ, yogakkhemaṁ anuttaraṁ || 23 ||

उट्ठानवतो सतीमतो सुचिकम्मस्स निसम्मकारिनो।
सञ्ञतस्स धम्मजीविनो अप्पमत्तस्स यसोभिवड्ढति ॥२४॥

Uṭṭhānavato satīmato sucikammassa nisammakārino |
saññatassa ca Dhammajīvino appamattassa yasobhivaḍḍhati || 24 ||

उट्ठानेनप्पमादेन संयमेन दमेन च।
दीपं कयि राथ मेधावी यं ओघो नाभिकीरति ॥२५॥

Uṭṭhānenappamādena saṁyamena damena ca |
dīpaṁ kayi rātha medhāvī yaṁ ogho nābhikīrati || 25 ||

पमादमनुयुञ्जन्ति बाला दुम्मेधिनो जना।
अप्पमादञ्च मेधावी धनं सेट्ठं व रक्खति ॥२६॥

Pamādam-anuyuñjanti bālā dummedhino janā |
appamādañ-ca medhāvī dhanaṁ seṭṭhaṁ va rakkhati || 26 ||

21. A vigilância (*appamāda*) é o caminho para a imortalidade (*amata*); a não vigilância é o caminho para a morte; o vigilante não morre, o não vigilante, embora vivo, é como se estivesse morto.

22. Conhecendo esta excelente característica da vigilância, o sábio (*paṇḍita*) delicia-se na vigilância, alegrando-se como "aqueles que são nobres" (*ariya*).

23. Aqueles que são sábios, contemplativos, sábios muito esforçados (e) de grande coragem, atingem o *Nibbāna*, a felicidade suprema da união (*yoga*).

24. Exaltada é a glória daquele que se mostra, que é pensativo, de caráter puro, analítico, autocontrolado, vigilante e que vive de acordo com o *Dhamma*.

25. Por meio da diligência, da vigilância, do autodomínio e do controle dos sentidos, o sábio aspirante faz uma ilha para si próprio que nenhuma cheia pode inundar.

26. Os homens irrefletidos e muito ignorantes afundam-se na negligência. Mas o homem sábio tem a vigilância como seu maior tesouro.

मा पमादमनुयुञ्जेथ मा कामरतिसन्थवं।
अप्पमत्तो हि झायन्तो पप्पोति विपुलं सुखं॥२७॥

Mā pamādam-anuyuñjetha mā kāmaratisanthavaṁ |
appamatto hi jhāyanto pappoti vipulaṁ sukhaṁ || 27 ||

पमादं अप्पमादेन यदा नुदति पण्डितो।
पञ्ञापासादमारुय्ह असोको सोकिनिं पजं।
पब्बतट्ठो व भुम्मट्ठे धीरो बाले अवेक्खति॥२८॥

Pamādaṁ appamādena yadā nudati paṇḍito |
paññāpāsādam-āruyha, asoko sokiniṁ pajaṁ |
pabbataṭṭho va bhummaṭṭhe dhīro bāle avekkhati || 28 ||

अप्पमत्तो पमत्तेसु, सुत्तेसु बहुजागरो।
अबलस्संव सीघस्सो, हित्वा याति सुमेधसो॥२९॥

Appamatto pamattesu suttesu bahujāgaro |
abalassaṁ va sīghasso hitvā, yāti sumedhaso || 29 ||

अप्पमादेन मघवा देवानं सेट्ठतं गतो।
अप्पमादं पसंसन्ति पमादो गरहितो सदा॥३०॥

Appamādena Maghavā devānaṁ seṭṭhataṁ gato |
appamādaṁ pasaṁsanti pamādo garahito sadā || 30 ||

अप्पमादरतो भिक्खु पमादे भयदस्सिवा।
संयोजनं अणुं थूलं डहं अग्गीव गच्छति॥३१॥

Appamādarato bhikkhu pamāde bhayadassivā |
saṁyojanaṁ aṇuṁ-thūlaṁ ḍahaṁ aggīva gacchati || 31 ||

अप्पमादरतो भिक्खु पमादे भयदस्सिवा।
अभब्बो परिहानाय निब्बानस्सेव सन्तिके॥३२॥

Appamādarato bhikkhu, pamāde bhayadassivā |
abhabbo parihānāya: Nibbānasseva santike || 32 ||

27. Não sejais complacentes com a negligência; não sejais benevolentes com os prazeres sensuais, porque o vigilante e pensativo aspirante adquire imensa felicidade (*sukha*).

28. Quando o homem sábio afasta o desleixo por meio da vigilância, ele é como um homem que, tendo subido a altaneira torre da sabedoria, olha as pessoas entristecidas com um coração apertado. Ele vê o sofrimento dos homens ignorantes como um montanhês vê as pessoas em um vale.

29. Vigilante entre os descuidados, desperto entre os adormecidos, o homem sábio vai em frente, (e) como um corcel rápido ultrapassa um cavalo de menos força.

30. Por meio da vigilância, *Maghavā* assumiu a soberania dos deuses. A vigilância é sempre elogiada e a negligência é sempre detestada pelos sábios.

31. O monge (*bhikkhu*) que tem prazer na vigilância, que olha a negligência com desdém, evolui, consumindo todos os apegos sutis como se fosse o fogo (*aggi*).

32. O monge que tem prazer na vigilância, que olha a negligência com desdém, não corre o risco de voltar atrás, porque ele está de fato próximo da iluminação (*Nibbāna*).

Sūtra 23

O termo *Nibbāna* (sâns. *Nirvāṇa*), que aparece em muitos comentários etimológicos, e formado por *nir* + *vāna*, extinguir, apagar (a causa da existência), como se apaga o fogo ou uma chama e, de forma simbólica, os três fogos do desejo, da agressividade e da ilusão. *Nirvāṇa* pode significar o fim das paixões, sendo desta forma o objetivo do *Dharma*, sem no entanto ser um fim em si, pois nada tem um fim. *Nirvāṇa* é, portanto, a dissolução do eu, não podendo ser definido inteiramente, pois se refere a algo inefável, para além das definições, das etimologias e dos fenômenos mesmo que sutis, e quando se tenta definir esse estado de total libertação como "o repouso" ou "a ilha", ficamos sempre longe de seu verdadeiro significado. Há ainda dois aspectos do *Nirvāṇa* que são: a total extinção das "raízes" ou o fim das impressões (*saṃskāra*) e o fim do ciclo de todas as existências. (*Sūtra* 27) – Este *sūtra* reflete o 14º enunciado exposto no *Tattva-Samāsa*, o texto fundador da filosofia sāṁkhya atribuído a Kāpila, que diz: "A complacência é de nove tipos" (*navadhā tuṣṭi*).

Sūtra 30

Maghavā é o "senhor das nuvens", nome atribuído a *Indra* no *Ṛgveda*.

Sūtras 31-32

O *bhikkhu* (sâns. *bhikṣu*) é aquele que recolhe esmolas, mais tarde apelidado pejorativamente de mendigo, e descaracterizado nas obras sânscritas de tradição bramânica como seres degenerados associados às cavernas e aos lugares pouco próprios. No período da expansão búdica, era atitude honrada dar esmolas aos *bhikkhus*, que não possuíam teto porque tinham renunciado a ele e à família. A vigilância, ou sua falta, e a distinção daquele que segue o reto caminho ou daquele que se perde na negligência. Mahā Thera Nārada, em sua tradução inglesa do *Dhammapada*, faz o seguinte comentário sobre o verdadeiro monge e sobre o falso: "Devido a uma degenerescência moderna, algumas 'seitas' ordenam 'monges' casados, com filhos! Não se deve confundir estes falsos monges com os ascetas tântricos que vivem com uma *yum*, iniciada nas técnicas de desenvolvimento e sublimação do *prāṇa*." (NĀRADA, 2004). O que agarra todo o ser humano à vida comum, assim como o falso monge, é aquilo que se designa por *saṁyojanāni*, os laços ou apegos àquilo que é a origem do prazer. O budismo define esses laços em dez tipos:

1. a ideia de uma opinião centrada em um eu, permanente, fixo e distinto dos outros;
2. a dúvida estéril;
3. o apego às regras morais, aos ritos religiosos e às cerimônias;
4. a sede sensual;
5. a agressividade;
6. o desejo de existir no mundo da forma sutil;
7. o desejo de existir no mundo sem forma;
8. o orgulho;
9. a distração; e
10. a ignorância ou falta de conhecimento.

Os cinco primeiros *saṁyojanāni* são considerados inferiores por estarem ligados aos desejos dos sentidos, enquanto os últimos cinco são chamados superiores por se ligarem aos mundos superiores da forma sutil e do mundo sem forma (ver *Comentário* 15-18). O *bhikkhu*, ao abandonar estes últimos cinco, torna-se um *Arahat* e atinge o *Nirvāṇa*. O 9° e o 10° *saṃyojanāni* não são considerados como tal, no sentido daquele que entra pela primeira vez na via do *Dhamma*, mas como resíduos a eliminar para atingir irreversivelmente o quarto nível do estado de iluminação ou *Arahatta-Phala*, o fruto (*phala*) do "totalmente liberto".

III
A MENTE

चित्तवग्गो ततियो

Cittavaggo Tatiyo

फन्दनं चपलं चित्तं दूरक्खं दुन्निवारयं।
उजुं करोति मेधावी उसुकारो व तेजनं॥३३॥

Phandanaṁ capalaṁ cittaṁ dūrakkhaṁ dunnivārayaṁ |
ujuṁ karoti medhāvī usukāro va tejanaṁ || 33 ||

वारिजो व थले खित्तो ओकमोकतउब्भतो।
परिफन्दतिदं चित्तं मारधेय्यं पहातवे॥३४॥

Vārijo va thale khitto oka-m-okata ubbhato |
pariphandatidaṁ cittaṁ Māradheyyaṁ pahātave || 34 ||

दुन्निग्गहस्स लहुनो यत्थकामनिपातिनो।
चित्तस्स दमथो साधु चित्तं दन्तं सुखावहं॥३५॥

Dunniggahassa lahuno yatthakāmanipātino |
cittassa damatho sādhu, cittaṁ dantaṁ sukhāvahaṁ || 35 ||

सुदुद्दसं सुनिपुणं यत्थकामनिपातिनं।
चित्तं रक्खेथ मेधावी चित्तं गुत्तं सुखावहं॥३६॥

Sududdasaṁ sunipuṇaṁ yatthakāmanipātinaṁ |
cittaṁ rakkhetha medhāvī, cittaṁ guttaṁ sukhāvahaṁ || 36 ||

दूरङ्गमं एकचरं असरीरं गुहासयं।
ये चित्तं सञ्ञमेस्सन्ति मोक्खन्ति मारबन्धना॥३७॥

Dūraṅgamaṁ ekacaraṁ asarīraṁ guhāsayaṁ |
ye cittaṁ saññam-essanti mokkhanti Mārabandhanā || 37 ||

अनवट्ठितचित्तस्स सद्धम्मं अविजानतो।
परिप्लवपसादस्स पञ्ञा न परिपूरति॥३८॥

Anavaṭṭhitacittassa Saddhammaṁ avijānato |
pariplavapasādassa paññā na paripūrati || 38 ||

33. O homem de discernimento fortalece sua mente (*citta*), que é inconstante e instável, difícil de acalmar e de controlar, como o arqueiro experiente que estica a corda (do arco).

34. Como o peixe tirado do meio aquático e atirado na terra salta e deixa marcas a sua volta, assim treme a mente enquanto se livra do mal (*Māra*).

35. A mente é instável e desajeitada, vagueando por onde mais deseja. Portanto é bom controlar a mente. Uma mente disciplinada traz felicidade (*sukha*).

36. A mente (*citta*) é incompreensível e muito sutil, vagueando por onde mais deseja. Portanto, que o sábio aspirante observe a mente. Uma mente bem protegida traz felicidade.

37. Aqueles que controlam a mente que vagueia ao longe, solitária, sem forma, e que se esconde na caverna interior (do coração), libertar-se-ão dos laços de *Māra* (*mārabandhana*).

38. Aquele cuja mente não é firme, que é ignorante da verdadeira Lei Universal (*Dhamma*), cuja tranquilidade está perturbada, a sabedoria (*paññā*) desse homem não se tornara abundante.

अनवस्सुतचित्तस्स अनन्वाहतचेतसो।
पुञ्ञपापपहीनस्स नत्थि जागरतो भयं॥३९॥

Anavassutacittassa ananvāhatacetaso |
puññapāpapahīnassa natthi jāgarato bhayaṁ || 39 ||

कुम्भूपमं कायमिमं विदित्वा नगरूपमं चित्तमिदं ठपेत्वा।
योधेथ मारं पञ्ञावुधेन जितञ्च रक्खे अनिवेसनो सिया॥४०॥

Kumbhūpamaṁ kāyam-imaṁ viditvā
nagarūpamaṁ cittam-idaṁ ṭhapetvā |
yodhetha Māraṁ paññāvudhena jitañ-ca rakkhe anivesano siyā || 40 ||

अचिरं वतयं कायो पथविं अधिसेस्सति।
छुद्धो अपेतविञ्ञाणो निरत्थं व कलिङ्गरं॥४१॥

Aciraṁ vatayaṁ kāyo paṭhaviṁ adhisessati |
chuddho apetaviññāṇo niratthaṁ va kaliṅgaraṁ || 41 ||

दिसो दिसं यं तं कयिरा वेरी वा पन वेरिनं।
मिच्छापणिहितं चित्तं पापियो नं ततो करे॥४२॥

Diso disaṁ yaṁ-taṁ kayirā verī vā pana verinaṁ |
micchāpaṇihitaṁ cittaṁ pāpiyo naṁ tato kare || 42 ||

न तं माता पिता कयिरा अञ्ञे वापि च ञातका।
सम्मापणिहितं चित्तं सेय्यसो नं ततो करे॥४३॥

Na taṁ mātā pitā kayirā, aññe vā pi ca ñātakā |
sammāpaṇihitaṁ cittaṁ seyyaso naṁ tato kare || 43 ||

39. Aquele que não se sujou pela paixão, cujo coração não tem ódio, que ultrapassou o bem e o mal e que é vigilante não tem medo.

40. Sabendo que o corpo físico (*kāya*) é frágil, como se fosse um pote de barro, e que a mente deve ser fortificada como uma cidade (*naga*), que o homem sábio lute contra o mal com a espada da sabedoria. Ele deveria agora proteger aquilo que ganhou, (mas) sem apego.

41. Mais cedo ou mais tarde este corpo físico ficará estendido sobre a terra, ignorado, sem consciência, como um tronco de madeira inútil.

42. Uma mente doente direcionada (com um objetivo) faz mais dano ao ego do que aquele que odeia a outro igual (a ele), ou um inimigo a outro inimigo.

43. Nenhum pai ou mãe, nem qualquer outro familiar, pode conferir maior benefício do que uma mente bem direcionada.

***Sūtra* 38**

Paññā (sâns. *prajñā*) é o Conhecimento transcendente, ou Gnosis, a terceira divisão da ascese dhármica. Esse Conhecimento é intuitivo, metafísico, direto, transfenomênico e transdiscursivo. Ele pode ser *lokiya prajñā*, o Conhecimento transcendente mundano, o conhecimento da conduta justa fenomênica e da vacuidade ou *lokottara prajñā*, o Conhecimento do outro lado do mundo, o Conhecimento da vacuidade total. Este *prajñā* aparece no momento em que o corpo e a psique ficam calmos, um estado que corresponde à segunda divisão da ascese búdica designada por *samādhi* (concentração da mente); no sânscrito, o mesmo termo toma o significado de "iluminação". O homem vulgar vive psicologicamente em constante desequilíbrio, pois se apoia sobre o corpo e a psique, enquanto o homem *prajñā* está em constante equilíbrio sobre os três suportes do fisiológico, do psicológico e do metafísico.

IV
AS FLORES

पुप्फवग्गो चतुत्थो

Pupphavaggo Catuttho

को इमं पथविं विचेस्सति यमलोकञ्च इमं सदेवकं।
को धम्मपदं सुदेसितं कुसलो पुप्फमिवप्पचेस्सति ॥४४॥

Ko imaṁ paṭhaviṁ vicessati yamalokañ-ca imaṁ sadevakaṁ |
Ko dhammapadaṁ sudesitaṁ kusalo puppham-ivappacessati || 44 ||

सेखो पथविं विचेस्सति यमलोकञ्च इमं सदेवकं।
सेखो धम्मपदं सुदेसितं कुसलो पुप्फमिवप्पचेस्सति ॥४५॥

Sekho paṭhaviṁ vicessati yamalokañ-ca imaṁ sadevakaṁ |
Sekho dhammapadaṁ sudesitaṁ kusalo puppham-ivappacessati || 45 ||

फेणूपमं कायमिमं विदित्वा मरीचिधम्मं अभिसम्बुधानो।
छेत्वान मारस्स पपुप्फकानि अदस्सनं मच्चुराजस्स गच्छे ॥४६॥

Pheṇūpamaṁ kāyam-imaṁ viditvā marīcidhammaṁ abhisambudhāno |
chetvāna Mārassa papupphakāni adassanaṁ Maccurājassa gacche || 46 ||

पुप्फानि हेव पचिनन्तं ब्यासत्तमनसं नरं।
सुत्तं गामं महोघोव मच्चु आदाय गच्छति ॥४७॥

Pupphāni heva pacinantaṁ byāsattamanasaṁ naraṁ |
suttaṁ gāmaṁ mahogho va maccu ādāya gacchati || 47 ||

पुप्फानि हेव पचिनन्तं ब्यासत्तमनसं नरं।
अतित्तञ्ञेव कामेसु अन्तको कुरुते वसं ॥४८॥

Pupphāni heva pacinantaṁ byāsattamanasaṁ naraṁ |
Atittaññeva kāmesu Antako kurute vasaṁ || 48 ||

यथापि भमरो पुप्फं वण्णगन्धमहेठयं।
पलेति रसमादाय एवं गामे मुनी चरे ॥४९॥

Yathā pi bhamaro pupphaṁ vaṇṇagandhamaheṭhayaṃ |
paleti rasam-ādāya, evaṁ gāme munī care || 49 ||

44. Quem será vitorioso nesta terra e sobre o mundo de *Yama (Yamaloka)* e no dos *Devas*? Quem encontrará o bem anunciado Caminho da Lei Universal (*Dhammapada*), tal como o expedito jardineiro seleciona a flor (*puppha*) mais procurada?

45. O discípulo será vitorioso sobre a terra e no mundo de *Yama* e no dos *Devas*. O verdadeiro discípulo encontrará realmente o bem anunciado Caminho da Lei Universal (*Dhammapada*), tal como o expedito jardineiro seleciona a flor mais procurada.

46. Vendo este corpo físico (*kāya*) como espuma evanescente, compreendendo esta natureza mundana como uma miragem, e tendo quebrado as setas de *Māra*, o verdadeiro aspirante conseguirá ir além do rei no de *Maccu* (a morte).

47. Ao voluptuoso que busca somente as flores das delícias sensuais e que só se vicia em tais prazeres, *Maccu* leva-o consigo, como uma inundação leva os habitantes de uma aldeia adormecida.

48. Ao voluptuoso que busca somente as flores das delícias sensuais e cuja mente (*manas*) está agitada, *Māra* tem-no sob sua alçada mesmo antes que seus desejos sensuais sejam satisfeitos.

49. Assim como a abelha extrai o néctar da flor e se afasta sem prejudicar sua cor ou fragrância, que o sábio também perambule por entre a aldeia.

न परेसं विलोमानि न परेसं कताकतं।
अत्तनो व अवेक्खेय्य कतानि अकतानि च ॥५०॥

Na paresaṁ vilomāni na paresaṁ katākataṁ |
attano va avekkheyya katāni akatāni ca || 50 ||

यथापि रुचिरं पुप्फं वण्णवन्तं अगन्धकं।
एवं सुभासिता वाचा अफला होति अकुब्बतो ॥५१॥

Yathā pi ruciraṁ pupphaṁ vaṇṇavantaṁ agandhakaṁ |
evaṁ subhāsitā vācā aphalā hoti akubbato || 51 ||

यथापि रुचिरं पुप्फं वण्णवन्तं सगन्धकं।
एवं सुभासिता वाचा सफला होति पकुब्बतो ॥५२॥

Yathā pi ruciraṁ pupphaṁ vaṇṇavantaṁ sagandhakaṁ |
evaṁ subhāsitā vācā saphalā hoti pakubbato || 52 ||

यथापि पुप्फरासिम्हा कयिरा मालागुणे बहू।
एवं जातेन मच्चेन कत्तब्बं कुसलं बहुं ॥५३॥

Yathā pi puppharāsimhā kayirā mālāguṇe bahū |
evaṁ jātena maccena kattabbaṁ kusalaṁ bahuṁ || 53 ||

न पुप्फगन्धो पटिवातमेति न चन्दनं तगरमल्लि का।
सतञ्च गन्धो पटिवातमेति सब्बा दिसा सप्पुरिसो पवायति ॥५४॥

Na pupphagandho paṭivātam-eti na candanaṁ tagaramallikā vā |
satañ-ca gandho paṭivātam-eti sabbā disā sappuriso pavāyati || 54 ||

चन्दनं तगरं वापि उप्पलं अथ वस्सिकी।
एतेसं गन्धजातानं सीलगन्धो अनुत्तरो ॥५५॥

Candanaṁ tagaraṁ vā pi uppalaṁ atha vassikī |
etesaṁ gandhajātānaṁ sīlagandho anuttaro || 55 ||

50. Que o aspirante não olhe as perversidades dos outros, nem o que os outros fizeram e não fizeram; antes ele deveria considerar o que fez e o que ainda tem de fazer.

51. Tal como uma adorável flor de cor primorosa que não tem fragrância, assim se evidenciam fúteis as bem faladas palavras do homem que não se comporta de acordo com elas.

52. Tal como uma adorável flor de cor encantadora e doce fragrância, assim se mostram frutíferas as palavras daquele que age de acordo com elas.

53. Assim como uma grinalda pode ser feita de muitas flores, também o homem nascido mortal neste mundo deveria executar muitas ações boas.

54. A fragrância das flores não viaja contra o vento, seja ela de sândalo (*candana*), de *tagara* ou de jasmim (*mallikā*). Mas a fragrância do homem virtuoso viaja até mesmo contra o vento. O homem virtuoso penetra em todas as direções com sua pureza.

55. Entre todas as fragrâncias, como o sândalo, o *tagara*, o lótus e o jasmim selvagem, a fragrância da pureza moral é a mais sublime e sem igual.

अप्पमत्तो अयं गन्धो यायं तगरचन्दनी।
यो च सीलवतं गन्धो वाति देवेसु उत्तमो ॥५६॥

Appamatto ayaṁ gandho yāyaṁ tagaracandanī |
yo ca sīlavataṁ gandho vāti devesu uttamo || 56 ||

तेसं सम्पन्नसीलानं अप्पमादविहारिनं।
सम्मदञ्ञा विमुत्तानं मारो मग्गं न विन्दति ॥५७॥

Tesaṁ sampannasīlānaṁ appamādavihārinaṁ |
sammad-aññāvimuttānaṁ Māro maggaṁ na vindati || 57 ||

यथा सङ्कारठानस्मिं उज्झितस्मिं महापथे।
पदुमं तत्थ जायेथ सुचिगन्धं मनोरमं ॥५८॥

Yathā saṅkāradhānasmiṁ ujjhitasmiṁ mahāpathe |
padumaṁ tattha jāyetha sucigandhaṁ manoramaṁ || 58 ||

एवं सङ्कारभूतेसु अन्धभूते पुथुज्जने।
अतिरोचति पञ्ञाय सम्मासम्बुद्धसावको ॥५९॥

Evaṁ saṅkārabhūtesu andhabhūte puthujjane |
atirocati paññāya Sammāsambuddhasāvako || 59 ||

56. Aqueles aromas de sândalo ou da planta *tagara* são de pouca importância; considerando que o aroma do virtuoso se expande de forma elevada mesmo até os deuses.

57. *Māra* não se pode aproximar do caminho do virtuoso, do vigilante e daqueles que se libertaram pela sabedoria.

58, 59. Assim como sobre um monte de lixo lançado na estrada cresce e floresce um lótus (*paduma*) fragrante e elegante, assim entre os ignorantes o discípulo de Buda brilha com resplandecente sabedoria.

Sūtras 44-45

O "mundo de *Yama*" (*Yamaloka*) significa o mundo subterrâneo, mas neste contexto indica tudo aquilo que leva à morte psíquica do homem e à perda de sua consciência, os laços ou apegos como origem do prazer. *Yama* é a divindade dos mortos e, segundo o *Ṛgveda,* o primeiro homem que morreu e se tornou imortal, aquele que se libertou dos condicionamentos mundanos que levam à morte (ver *saṃyojanāni*, *Sūtras* 31-32). O mundo de *Yama* e o mundo dos *Devas* correspondem aos estados deploráveis ou felizes da existência nos três mundos da cosmogonia budista (ver *Sūtras* 15-18).

Sūtras 54-56

O sândalo, o jasmim, o *tagaraka* e o lótus exalam todos uma fragância peculiar, cujo simbolismo está associado não só à vida cotidiana como representam estados de alma particulares.

V

O LOUCO

बालवग्गो पञ्चमो

Bālavaggo Pañcamo

दीघा जागरतो रत्ति दीघं सन्तस्स योजनं।
दीघो बालानं संसारो सद्धम्मं अविजानतं॥६०॥

Dīghā jāgarato ratti dīghaṁ santassa yojanaṁ |
dīgho bālānaṁ saṁsāro Saddhammaṁ avijānataṁ || 60 ||

चरञ्चे नाधिगच्छेय्य सेय्यं सदिसमत्तनो।
एकचरियं दळ्हं कयि रा नत्थि बाले सहायता॥६१॥

Carañ-ce nādhigaccheyya seyyaṁ sadisam-attano |
ekacariyaṁ daḷhaṁ kayi rā natthi bāle sahāyatā || 61 ||

पुत्ता मत्थि धनम्मत्थि इति बालो विहञ्ञति।
अत्ता हि अत्तनो नत्थि कुतो पुत्ता कुतो धनं॥६२॥

Puttā matthi dhanam-matthi iti bālo vihaññati |
attā hi attano natthi kuto puttā kuto dhanaṁ || 62 ||

यो बालो मञ्ञति बाल्यं पण्डितो वापि तेन सो।
बालो च पण्डितमानी स वे बालो ति वुच्चति॥६३॥

Yo bālo maññati bālyaṁ paṇḍito vāpi tena so |
bālo ca paṇḍitamānī sa ve bālo ti vuccati || 63 ||

यावजीवम्पि चे बालो पण्डितं पयि रुपासति।
न सो धम्मं विजानाति दब्बी सूपरसं यथा॥६४॥

Yāvajīvam-pi ce bālo paṇḍitaṁ payi rupāsati |
na so Dhammaṁ vijānāti dabbī sūparasaṁ yathā || 64 ||

मुहुत्तमपि चे विञ्ञू पण्डितं पयिरुपासति।
खिप्पं धम्मं विजानाति जिव्हा सूपरसं यथा॥६५॥

Muhuttam-api ce viññū paṇḍitaṁ payirupāsati |
khippaṁ Dhammaṁ vijānāti jivhā sūparasaṁ yathā || 65 ||

60. Longa é a noite de uma pessoa sem sono; longa é a distância de uma légua para uma pessoa cansada; longo é o círculo dos renascimentos (*saṁsāra*) para um louco (*bāla*) que não conhece a verdadeira Lei.

61. Se um verdadeiro buscador que parte à procura de um grande amigo não o encontra ou pelo menos nem a um igual, então ele deveria escolher definitivamente o caminho solitário, pois a companhia de alguém ignorante não é possível.

62. "Eu tenho filhos, eu tenho riqueza", enquanto pensa assim, o louco atormenta-se. Mas por que ele não é o dono do seu próprio ego, por que as crianças? Por que a riqueza?

63. O louco que conhece sua ignorância, por conhecê-la, torna-se realmente um homem sábio (*paṇḍita*). Mas aquele louco convencido, que se considera instruído, na realidade é chamado um louco.

64. Um louco que se associa a um homem sábio ao longo da vida pode não conhecer o *Dhamma* (Lei Universal) mais do que a colher conhece o gosto (*rasa*) da sopa.

65. Assim como a língua saboreia a sopa, também a pessoa inteligente que está junto de um homem sábio, mesmo que por um breve momento, chega a conhecer a essência da Lei.

चरन्ति बाला दुम्मेधा अमित्तेनेव अत्तना।
करोन्ता पापकं कम्मं यं होति कटुकप्फलं ॥६६॥

Caranti bālā dummedhā amitteneva aṭtanā |
karontā pāpakaṁ kammaṁ, yaṁ hoti kaṭukapphalaṁ || 66 ||

न तं कम्मं कतं साधु यं कत्वा अनुतप्पति।
यस्स अस्सुमुखो रोदं विपाकं पटिसेवति ॥६७॥

Na taṁ kammaṁ kataṁ sādhu yaṁ katvā anutappati |
yassa assumukho rodaṁ vipākaṁ paṭisevati || 67 ||

तञ्च कम्मं कतं साधु यं कत्वा नानुतप्पति।
यस्स पतीतो सुमनो विपाकं पटिसेवति ॥६८॥

Tañ-ca kammaṁ kataṁ sādhu yaṁ katvā nānutappati |
yassa patīto sumano, vipākaṁ paṭisevati || 68 ||

मधुवा मञ्ञति बालो याव पापं न पच्चति।
यदा च पच्चति पापं बालो दुक्खं निगच्छति ॥६९॥

Madhuvā maññati bālo yāva pāpaṁ na paccati |
yadā ca paccati pāpaṁ bālo dukkhaṁ nigacchati || 69 ||

मासे मासे कुसग्गेन बालो भुञ्जेय्य भोजनं।
न सो सङ्खातधम्मानं कलं अग्घति सोळसिं ॥७०॥

Māse māse kusaggena bālo bhuñjeyya bhojanaṁ |
na so saṅkhātadhammānaṁ kalaṁ agghati soḷasiṁ || 70 ||

न हि पापं कतं कम्मं सज्जु खीरं व मुच्चति।
डहन्तं बालमन्वेति भस्मच्छन्नो व पावको ॥७१॥

Na hi pāpaṁ kataṁ kammaṁ, sajju khīraṁ va muccati |
ḍahantaṁ bālam-anveti bhasmacchanno va pāvako || 71 ||

66. Os não sábios, loucos que são (porque) inimigos de si próprios, continuam a cometer más ações, que produzem frutos amargos.

67. Uma má ação é aquela cuja pessoa que a praticou se arrepende, e cujas consequências a pessoa enfrenta com lágrimas e lamentações.

68. Uma boa ação é aquela cuja pessoa que a praticou não se arrepende, e em cujas consequências a pessoa se delicia e satisfaz.

69. Enquanto uma má ação não produz resultados, o louco pensa que sua ação é doce como o mel. Mas quando sua má ação frutifica, ele cai em uma miséria sem limites.

70. Embora um louco (praticando austeridades) possa comer durante meses e meses pela ponta de uma folha de erva *kuśa*, ele não vale a décima sexta parte daqueles que entenderam a Boa Lei.

71. Assim como o leite fresco tirado da vaca não coalha logo, uma má ação (também) não produz frutos imediatos. Segue o malfeitor como uma faísca que queima sem se ver e então de repente pegará fogo.

यावदेव अनत्थाय ञत्तं बालस्स जायति ।
हन्ति बालस्स सुक्कंसं मुद्धमस्स विपातयं ॥७२॥

Yāvad-eva anatthāya ñattaṁ bālassa jāyati |
hanti bālassa sukkaṁsaṁ, muddham-assa vipātayaṁ || 72 ||

असन्तं भावनमिच्छेय्य पुरेक्खारञ्च भिक्खुसु ।
आवासेसु च इस्सरि यं पूजा परकुलेसु च ॥७३॥

Asataṁ bhāvanam-iccheyya purekkhārañ-ca bhikkhusu |
āvāsesu ca issari yaṁ pūjā parakulesu ca || 73 ||

ममेव कत मञ्ञन्तु गिही पब्बजिता उभो ।
ममेवातिवसा अस्सु किच्चाकिच्चेसु किस्मिचि ।
इति बालस्स सङ्कप्पो इच्छा मानो च वड्ढति ॥७४॥

Mameva kata maññantu gihī pabbajitā ubho |
mamevātivasā assu kiccākiccesu kismici |
iti bālassa saṅkappo, icchā māno ca vaḍḍhati || 74 ||

अञ्ञा हि लाभूपनिसा अञ्ञा निब्बानगामिनी ।
एवमेतं अभिञ्ञाय भिक्खु बुद्धस्स सावको ।
सक्कारं नाभिनन्देय्य विवेकमनुब्रूहये ॥७५॥

Aññā hi lābhūpanisā aññā Nibbānagāminī |
evam-etaṁ abhiññāya bhikkhu Buddhassa sāvako |
sakkāraṁ nābhinandeyya vivekam-anubrūhaye || 75 ||

72. Qualquer conhecimento que um louco adquira causa-lhe unicamente dor. Quebra a cabeça e destrói sua boa natureza.

73. Estulto é o monge (*bhikkhu*) que deseja ser impropriamente adorado por outros, ter controle sobre outros monges, ser autoridade entre as comunidades monásticas e até mesmo ser homenageado por outros de fora.

74. Além disso, ele pensa: "Que os leigos e os monges tenham em grande estima minha ação! Que eles possam estar sujeitos a mim em todas as ações, sejam grandes ou pequenas.". Tal é o desejo ávido de um monge mundano, cujas arrogância e vaidade aumentam sempre.

75. Um caminho conduz à vitória mundana e à honra; outro caminho totalmente diferente conduz ao *Nibbāna*. Tendo percebido esta verdade, que o monge, o verdadeiro seguidor do Buda, não seja homenageado por outros, mas que ele cultive a serenidade de mente e o desapego.

Sūtra 60

O termo *bāla*, que significa "criança", é aqui empregado no sentido de "louco", pois os loucos são como as crianças, ignorantes e não sabem falar corretamente.

Sūtra 70

A erva *kuśa* (*Poa cynosuroides*), com longas folhas lanceoladas, é considerada sagrada.

Sūtra 71

O *Dharma*, de forma geral, tanto no budismo como no hinduísmo, classifica o *karma* em três tipos: o *karma* que tem efeitos durante a vida, o *karma* com efeitos no próximo nascimento e o *karma* com efeitos em várias vidas futuras. Esta tipificação do *karma* pode ainda ser observada da seguinte forma:

1. pesado ou abundante, que ocorre rapidamente;
2. habitual, que ocorre durante a vida;
3. no momento da morte, que determina a forma de nascimento na próxima vida; e
4. acumulado, que ocorre após várias vidas, mesmo durante a vida de um Buda.

A crença ou a fé não são aceitas pelo *Dharma*.

Sūtra 72

A aquisição do conhecimento por si só, sob o ponto de vista conceitual, e tido como única realidade, pode levar à loucura do espírito. Aquele que busca o caminho pode se perder nas discussões intelectuais e esquecer-se de sua verdadeira natureza espiritual.

VI
O SÁBIO

पण्डितवग्गो छट्ठो

Paṇḍitavaggo Chaṭṭho

निधीनं व पवत्तारं यं पस्से वज्जदस्सिनं।
निग्गय्हवादिं मेधाविं तादिसं पण्डितं भजे।
तादिसं भजमानस्स सेय्यो होति न पापियो॥७६॥

Nidhīnaṁ va pavattāraṁ yaṁ passe vajjadassinaṁ |
niggayhavādiṁ medhāviṁ tādisaṁ paṇḍitaṁ bhaje |
tādisaṁ bhajamānassa seyyo hoti na pāpiyo || 76 ||

ओवदेय्यानुसासेय्य असब्भा च निवारये।
सतञ्हि सो पियो होति असतं होति अप्पियो॥७७॥

Ovadeyyānusāseyya, asabbhā ca nivāraye |
sataṁ hi so piyo hoti asataṁ hoti appiyo || 77 ||

न भजे पापके मित्ते न भजे पुरिसाधमे।
भजेथ मित्ते कल्याणे भजेथ पुरिसुत्तमे॥७८॥

Na bhaje pāpake mitte, na bhaje purisādhame |
bhajetha mitte kalyāṇe, bhajetha purisuttame || 78 ||

धम्मपीति सुखं सेति विप्पसन्नेन चेतसा।
अरियप्पवेदिते धम्मे सदा रमति पण्डितो॥७९॥

Dhammapīti sukhaṁ seti, vippasannena cetasā |
Ariyappavedite Dhamme sadā ramati paṇḍito || 79 ||

उदकञ्हि नयन्ति नेत्तिका उसुकारा नमयन्ति तेजनं।
दारुं नमयन्ति तच्छका अत्तानं दमयन्ति पण्डिता॥८०॥

Udakaṁ hi nayanti nettikā usukārā namayanti tejanaṁ |
dāruṁ namayanti tacchakā attānaṁ damayanti paṇḍitā || 80 ||

76. O discípulo deveria se associar com um amigo sábio (*paṇḍita*), que aponta e critica suas imperfeições e que revela as virtudes como um guia descreve tesouros enterrados. Há felicidade (*sukha*), e não aflição, para aquele que se associa com um amigo inteligente.

77. O homem que exorta, instrui e dissuade os membros de sua estirpe dos maus atos é querido aos virtuosos e odiado pelos maus.

78. Não deve manter companhia com amigos que praticam o mal, nem com pessoas de pouca inteligência; associe-se com o bem, associe-se com o melhor do homem.

79. Aquele que bebe o néctar da Boa Lei (*dhammapīti*) vive feliz e com uma mente tranquila. O homem sábio deleita-se sempre no *Dhamma* (Lei Universal) como é entendido por aqueles que são nobres (*Ariya*).

80. Os aguadeiros (*udakaṃ*) administram a água onde eles querem; os flecheiros (*usukārā*) fazem as flechas; os carpinteiros (*dāruṃ*) trabalham a madeira, e os homens sábios (*paṇḍitā*) disciplinam-se.

सेलो यथा एकघनो वातेन न समीरति।
एवं निन्दापसंसासु न समिञ्जन्ति पण्डिता॥८१॥

Selo yathā ekaghano vātena na samīrati |
evaṁ nindāpasaṁsāsu na samiñjanti paṇḍitā || 81 ||

यथापि रहदो गम्भीरो विप्पसन्नो अनाविलो।
एवं धम्मानि सुत्वान विप्पसीदन्ति पण्डिता॥८२॥

Yathāpi rahado gambhīro vippasanno anāvilo |
evaṁ Dhammāni sutvāna vippasīdanti paṇḍitā || 82 ||

सब्बत्थ वे सप्पुरिसा चजन्ति न कामकामा लपयन्ति सन्तो।
सुखेन फुट्ठा अथ वा दुखेन नोच्चावचं पण्डिता दस्सयन्ति॥८३॥

Sabbattha ve sappurisā cajanti na kāmakāmā lapayanti santo |
sukhena phuṭṭhā atha vā dukhena noccāvacaṁ paṇḍitā dassayanti || 83 ||

न अत्तहेतु न परस्स हेतु न पुत्तमिच्छे न धनं न रट्ठं।
न इच्छेय्य अधम्मेन समिद्धिमत्तनो स सीलवा पञ्ञवा धम्मिको सिया॥८४॥

Na attahetu na parassa hetu na puttam-icche na dhanaṁ na raṭṭhaṁ |
na iccheyya adhammena samiddhim-attano
sa sīlavā paññavā dhammiko siyā || 84 ||

अप्पका ते मनुस्सेसु ये जना पारगामिनो।
अथायं इतरा पजा तीरमेवानुधावति॥८५॥

Appakā te manussesu ye janā pāragāmino |
athāyaṁ itarā pajā tīram-evānudhāvati || 85 ||

81. Assim como uma pedra sólida não é abanada pelo vento, do mesmo modo o sábio não é abalado pela censura ou pelo elogio.

82. Tendo prestado atenção ao *Dhamma*, o sábio fica sereno como um lago fundo, calmo e transparente como o cristal.

83. Os homens bons abandonam todas as coisas; eles não têm prazer em conversas sensuais; quando tocado pela felicidade ou pela tristeza, o sábio não demonstra nenhuma preferência ou rejeição.

84. Por causa de si mesma, ou por causa de outro, uma pessoa não deveria esperar ter um filho, riqueza ou um reino. Aquele que não ambiciona ter sucesso ou prosperidade de forma desmerecida é realmente virtuoso, sábio e honrado.

85. Poucos entre os homens vão além da costa; as multidões que permanecem correm de um lado para o outro nesta margem.

ये च खो सम्मदक्खाते धम्मे धम्मानुवत्तिनो।
ते जना पारमेस्सन्ति मच्चुधेय्यं सुदुत्तरं ॥८६॥

Ye ca kho sammad-akkhāte Dhamme dhammānuvattino |
te janā pāram-essanti maccudheyyaṁ suduttaraṁ || 86 ||

कण्हं धम्मं विप्पहाय सुक्कं भावेथ पण्डितो।
ओका अनोकमागम्म विवेके यत्थ दूरमं ॥८७॥

Kaṇhaṁ dhammaṁ vippahāya sukkaṁ bhāvetha paṇḍito |
okā anokaṁ āgamma viveke yattha dūramaṁ || 87 ||

तत्राभिरतिमिच्छेय्य हित्वा कामे अकिञ्चनो।
परियोदपेय्य अत्तानं चित्तक्लेसेहि पण्डितो ॥८८॥

Tatrābhiratim-iccheyya, hitvā kāme akiñcano |
pariyodapeyya attānaṁ cittaklesehi paṇḍito || 88 ||

येसं सम्बोधियङ्गेसु सम्मा चित्तं सुभावितं।
आदानपटिनिस्सग्गे अनुपादाय ये रता।
खीणासवा जुतिमन्तो ते लोके परिनिब्बुता ॥८९॥

Yesaṁ sambodhiyaṅgesu sammā cittaṁ subhāvitaṁ |
ādānapaṭinissagge anupādāya ye ratā |
khīṇāsavā jutimanto, te loke parinibbutā || 89 ||

86. Aqueles que vivem de acordo com o *Dhamma*, que foi bem anunciado,[8] atravessarão o reino intransitável da morte para a outra margem.

87. Tendo deixado os caminhos da escuridão, que o sábio siga a luz. Tendo saído de casa e ficado sem abrigo, que ele desfrute a felicidade da solidão, tão difícil de alcançar.

88. Ele deveria concentrar a mente no estado mais elevado de consciência (*Nibbāna*). Tendo desistido de todos os prazeres dos sentidos e não possuindo nada, que o sábio ao purificar a mente das imperfeições se purifique.

89. Aqueles cujas mentes estão firmes nos elementos da iluminação (*sambodhi*), que não desejando nada se glorificam na renúncia, que não têm preconceitos (e) que estão cheios de luz, esses atingiram realmente a felicidade do *Nibbāna* neste mundo.

---

8. Anunciado por Buda.

***Sūtras* 87-88**

Os "caminhos da escuridão" são os dez sentimentos perversos:

1. desejo, ganância, luxúria;
2. ódio, cólera, agressividade;
3. ilusão, estupidez, interpretação errada;
4. vaidade, orgulho, arrogância;
5. opinião errada, visão errada, crença, dogma;
6. dúvida estéril, perplexidade, incerteza, hesitação;
7. torpor mental, rigidez, lassidão, indiferença;
8. agitação, hiperatividade;
9. falta de vergonha pela consequência de más ações, palavras e pensamentos; e
10. falta de receio pela consequência de más ações, palavras e pensamentos por falta de dignidade.

***Sūtra* 89**

Os elementos da Iluminação (*sambodhi*) são sete:

1. vigilância constante;
2. estudo do *Dharma*;
3. vitalidade ou energia;
4. vida feliz;
5. tranquilidade;
6. concentração; e
7. equidade.

VII
O *ARAHAT*

अरहन्तवग्गो सत्तमो

Arahantavaggo Sattamo

गतद्धिनो विसोकस्स विप्पमुत्तस्स सब्बधि।
सब्बगन्थप्पहीनस्स परिळाहो न विज्जति॥९०॥

Gataddhino visokassa vippamuttassa sabbadhi |
sabbaganthappahīnassa pariḷāho na vijjati || 90 ||

उय्युज्जन्ति सतीमन्तो न निकेते रमन्ति ते।
हंसा व पल्ललं हित्वा ओकमोकं जहन्ति ते॥९१॥

Uyyuñjanti satīmanto na nikete ramanti te |
haṁsā va pallalaṁ hitvā, okam-okaṁ jahanti te || 91 ||

येसं सन्निचयो नत्थि ये परिञ्ञातभोजना।
सुञ्ञतो अनिमित्तो च विमोक्खो येसं गोचरो।
आकासे व सकुन्तानं गति तेसं दुरन्नया॥९२॥

Yesaṁ sannicayo natthi ye pariññātabhojanā |
suññato animitto ca vimokkho yesaṁ gocaro |
ākāse va sakuntānaṁ, gati tesaṁ durannayā || 92 ||

यस्सासवा परिक्खीणा आहारे च अनिस्सितो।
सुञ्ञतो अनिमित्तो च विमोक्खो यस्स गोचरो।
आकासे व सकुन्तानं पदं तस्स दुरन्नयं॥९३॥

Yassāsavā parikkhīṇā, āhāre ca anissito |
suññato animitto ca vimokkho yassa gocaro |
Ākāse va sakuntānaṃ, padaṃ tassa durannayaṃ || 93 ||

यस्सिन्द्रियानि समथं गतानि अस्सा यथा सारथिना सुदन्ता।
पहीनमानस्स अनासवस्स देवा पि तस्स पिहयन्ति तादिनो॥९४॥

Yassindriyāni samathaṁ gatāni assā yathā sārathinā sudantā |
pahīnamānassa anāsavassa devā pi tassa pihayanti tādino || 94 ||

90. A febre de paixão não aflige o *Arahat*, que terminou seu *saṁsāra*, que está livre de tristeza, totalmente emancipado, e que destruiu todos os nós do apego.

91. Constantemente atentos, eles esforçam-se e não se agarram a uma habitação; como cisnes (*haṁsa*) que deixam um lago, eles abandonam a casa e o lar.

92. Aqueles que não têm posses, que são sóbrios na alimentação, que estão no caminho da libertação por meio da realização do Nada (*suññatā*) e da cessação (*animitta*) de todas as formas, seu bem-aventurado caminho é tão difícil de localizar como o caminho dos pássaros no ar.

93. Aquele cujos apegos mentais estão extintos, que é sóbrio na comida, que está no caminho da libertação por meio da realização do Nada e do esvaziamento de todas as formas, seu bem-aventurado caminho é tão difícil de localizar como o caminho dos pássaros no ar.

94. Aquele cujos sentidos estão controlados, como cavalos bem treinados pelo cocheiro, cujo orgulho foi destruído e que está livre da corrupção (*āsava*), até mesmo os deuses partilham com um assim.

पथविसमो नो विरुज्झति इन्दखीलूपमो तादि सुब्बतो।
रहदो व अपेतकद्दमो संसारा न भवन्ति तादिनो॥९५॥

*Paṭhavisamo no virujjhati indakhīlūpamo tādi subbato |
rahado va apetakaddamo saṁsārā na bhavanti tādino || 95 ||*

सन्तं तस्स मनं होति सन्ता वाचा च कम्म च।
सम्मदञ्ञा विमुत्तस्स उपसन्तस्स तादिनो॥९६॥

*Santaṁ tassa manaṁ hoti santā vācā ca kamma' ca |
sammad-aññāvimuttassa, upasantassa tādino || 96 ||*

अस्सद्धो अकतञ्ञू च सन्धिच्छेदो च यो नरो।
हतावकासो वन्तासो स वे उत्तमपोरिसो॥९७॥

*Assaddho akataññū ca sandhicchedo ca yo naro |
hatāvakāso vantāso, sa ve uttamaporiso || 97 ||*

गामे वा यदि वारञ्ञे निन्ने वा यदि वा थले।
यत्थ अरहन्तो विहरन्ति तं भूमिरामणेय्यकं॥९८॥

*Gāme vā yadi vāraññe, ninne vā yadi vā thale |
Yattha rahanto viharanti taṁ bhūmirāmaṇeyyakaṁ || 98 ||*

रमणीयानि अरञ्ञानि यत्थ न रमती जनो।
वीतरागा रमिस्सन्ति न ते कामगवेसिनो॥९९॥

*Ramaṇīyāni araññāni yattha na ramatī jano |
vītarāgā ramissanti, na te kāmagavesino || 99 ||*

95. Aquele que é imperturbável como a terra, que é firme como o poste de Indra, cujo caráter é tão puro e translúcido como um lago claro, para um bem-aventurado desses não há mais ciclos de renascimentos (*saṁsāra*).

96. Sua mente (*manas*) torna-se tranquila, sua palavra (*vācā*) e as ações (*kamma*) são calmas. Tal é o estado de tranquilidade daquele que atingiu a libertação (*vimutti*) por meio da realização da verdade.

97. Aquele que não é crédulo, que conhece a natureza do Incriado (*akata*), que cortou todos os laços (dos nascimentos), que destruiu todas as influências do mal e desistiu de todas as ambições, ele, na verdade, é o mais nobre entre homens.

98. Aquele lugar onde os bem-aventurados (*Arahat*) vivem é verdadeiramente encantador, seja aldeia ou floresta, vale ou montanha.

99. Encantadoras são as florestas que não atraem as multidões. Mas os bem-aventurados, livres dos apegos (da vida), encontram prazer nelas porque eles não procuram o fascínio dos sentidos.

Sūtra 90

Saṁsāra e o ciclo dos nascimentos e das mortes, "reencarnações".

No budismo, o "apego" (*gantha*) é de quatro tipos:

1. ganância;
2. malevolência;
3. apego às regras morais e às cerimonias; e
4. dogmatismo.

Estes "nós do apego" encontram correspondência nos cinco nós do conhecimento errado (*pañcaparva-āviddhā*), definidos no 12º *sūtra* do *Tattva-Samāsa*: "O falso raciocínio é originado por cinco modos: *Avidyā* (ignorância), *Asmitā* (egoísmo), *Rāga* (apego), *Dvesa* (aversão) e *Abhiniveśa* (teimosia).".

Sūtra 92

Suññatā (sâns. *śūnyatā*, nada ou vacuidade) e *animitta* (sâns. *nivṛtti*, cessação) são duas noções fundamentais do *Dharma* mal compreendidas no ocidente.

Vacuidade, ou "nada", entrou no léxico das línguas ocidentais pela noção errada de que "vácuo" é sinônimo de "nada", ausência de vida ou de qualquer tipo de energia. A vacuidade do espaço, porém, prova precisamente o contrário, assim como os estados mais profundos de consciência e do Conhecimento transcendente. É necessário entender o termo vacuidade segundo dois aspectos, o de algo que está além do estado presente de existência e o de vacuidade transcendente, seja ela qual for. *Śūnyatā* pode ser interpretada como uma "bolha" que se forma sobre si mesma, que se expande e dilata ou diminui, como qualquer outro fenômeno, mas igual a si mesma e, portanto, única.

Assim que esta vacuidade é totalmente compreendida, não resta mais "nada" no coração que possa ser sentido como real, momento em que pela Consciência transcendente se tem acesso à vacuidade ela mesma. *Animitta* é a cessação de todo o movimento, ou de tudo aquilo que origina o movimento sensível, o *Nirvāṇa*.

***Sūtras* 93-94**

Āsava é toda a "corrupção" ou "purulência" provocada pela ingestão ou contato com um veneno. Neste caso, com tudo o que possa intoxicar o mental, como as pulsões mais sórdidas do subconsciente. O budismo tipifica quatro tipos:

1. o desejo dos sentidos;
2. o desejo de se ser algo;
3. a ignorância; e
4. o desejo de opinar sobre qualquer coisa.

VIII
OS MIL*

सहस्सवग्गो अट्ठमो

Sahassavaggo Aṭṭhamo

(*) *Sahassa*, "mil" (sâns. *Sahasra*), que expressa essa mesma quantidade, tem quase sempre um significado metafórico num contexto literário, indicando de forma genérica uma grande quantidade de qualquer coisa. Assim, "mil palavras" significa apenas "muitas". O mesmo se aplica a "cem" (*sata*).

सहस्समपि चे वाचा अनत्थपदसंहिता।
एकं अत्थपदं सेय्यो यं सुत्वा उपसम्मति ॥१००॥

Sahassam-api ce vācā anatthapadasaṁhitā |
ekaṁ atthapadaṁ seyyo yaṁ sutvā upasammati || 100 ||

सहस्समपि चे गाथा अनत्थपदसंहिता।
एकं गाथापदं सेय्यो यं सुत्वा उपसम्मति ॥१०१॥

Sahassam-api ce gāthā anatthapadasaṁhitā |
ekaṁ gāthāpadaṁ seyyo yaṁ sutvā upasammati || 101 ||

यो च गाथा सतं भासे अनत्थपदसंहिता।
एकं धम्मपदं सेय्यो यं सुत्वा उपसम्मति ॥१०२॥

Yo ce gāthā sataṁ bhāse anatthapadasaṁhitā |
ekaṁ Dhammapadaṁ seyyo, yaṁ sutvā upasammati || 102 ||

यो सहस्सं सहस्सेन सङ्गामे मानुसे जिने।
एकञ्च जेय्यमत्तानं स वे सङ्गामजुत्तमो ॥१०३॥

Yo sahassaṁ sahassena saṅgāme mānuse jine |
ekañ-ca jeyyamattānaṁ sa ve saṅgāmajuttamo || 103 ||

अत्ता हवे जितं सेय्यो या चायं इतरा पजा।
अत्तदन्तस्स पोसस्स निच्चं सञ्ञतचारिनो ॥१०४॥

Attā have jitaṁ seyyo yā cāyaṁ itarā pajā |
attadantassa posassa, niccaṁ saññatacārino || 104 ||

नेव देवो न गन्धब्बो न मारो सह ब्रह्मुना।
जितं अपजितं कयि रा तथारूपस्स जन्तुनो ॥१०५॥

neva devo na gandhabbo na Māro saha Brahmunā |
jitaṁ apajitaṁ kayi rā tathārūpassa jantuno || 105 ||

100. Uma simples palavra cheia de significado, que cada um ao ouvir fica em paz, é melhor que mil palavras sem sentido.

101. Uma simples quadra cheia de significado, que cada um ao ouvir fica em paz, é melhor que mil quadras compostas de palavras sem sentido.

102. Uma palavra do *Dhamma*, que cada um ao ouvir fica em paz, é melhor do que a recitação de cem versos feitos de palavras superficiais.

103. Embora uma (pessoa) seja vencedora sobre um milhão de homens em batalha, aquele homem que se conquista a si é o maior vencedor.

104, 105. Superar-se a si mesmo é realmente melhor do que conquistar os outros. Nem *Devas*, nem *Gandhabbas*, nem *Māra* com *Brahmā* podem impedir a vitória daquele que se venceu a si mesmo e que pratica o autocontrole.

मासे मासे सहस्सेन यो यजेथ सतं समं।
एकञ्च भावितत्तानं मुहुत्तमपि पूजये।
सा येव पूजना सेय्यो यञ्चे वस्ससतं हुतं॥१०६॥

Māse māse sahassena yo yajetha sataṁ samaṁ |
ekañ-ca bhāvitattānaṁ muhuttam-api pūjaye |
sā yeva pūjanā seyyo yañ-ce vassasataṁ hutaṁ || 106 ||

यो च वस्ससतं जन्तु अग्गिं परिचरे वने।
एकञ्च भावितत्तानं मुहुत्तमपि पूजये।
सायेव पूजना सेय्यो यञ्चे वस्ससतं हुतं॥१०७॥

Yo ca vassasataṁ jantu aggiṁ paricare vane |
ekañ-ca bhāvitattānaṁ muhuttam-api pūjaye |
sā yeva pūjanā seyyo yañ-ce vassasataṁ hutaṁ || 107 ||

यं किञ्चि यिट्ठं व हुतं व लोके संवच्छरं यजेथ पुञ्ञपेक्खो।
सब्बम्पि तं न चतुभागमेति अभिवादना उज्जुगतेसु सेय्यो॥१०८॥

Yaṁ kiñci yiṭṭhaṁ ca hutaṁ ca loke saṁvaccharaṁ yajetha puññapekkho |
sabbam-pi taṁ na catubhāgam-eti abhivādanā ujjugatesu seyyo || 108 ||

अभिवादनसीलिस्स निच्चं वद्धापचायिनो।
चत्तारो धम्मा वड्ढन्ति आयु वण्णो सुखं बलं॥१०९॥

Abhivādanasīlissa niccaṁ vaddhāpacāyino |
cattāro dhammā vaḍḍhanti āyu vaṇṇo sukhaṁ balaṁ || 109 ||

यो च वस्ससतं जीवे दुस्सीलो असमाहितो।
एकाहं जीवितं सेय्यो सीलवन्तस्स झायिनो॥११०॥

Yo ca vassasataṁ jīve dussīlo asamāhito |
ekāhaṁ jīvitaṁ seyyo, sīlavantassa jhāyino || 110 ||

106. Um homem que, mês após mês, durante cem anos, oferece muitos sacrifícios, e que homenageie (*pūjā*) apenas por um momento alguém que tem autocontrole, essa homenagem é superior aos sacrifícios por cem anos.

107. Um homem que durante cem anos atenda ao sacrifício do fogo (*aggi*) na floresta, e que homenageie (*pūjā*) apenas por um momento alguém que tem autocontrole, essa homenagem é superior ao sacrifício do fogo por cem anos.

108. Seja qual for a dádiva ou o sacrifício que uma pessoa faça ao longo de um ano, com o desejo de ter mérito, isso não valerá um quarto do mérito adquirido pela homenagem dada a uma pessoa de vida reta.

109. Naquele que sempre honra e respeita os mais velhos, quatro qualidades (*dhamma*) crescerão: a abundância (*āya*), a beleza (*vaṇṇa*), a felicidade (*sukha*) e a força (*bala*).

110. Um dia na vida daquele que é virtuoso e contemplativo é melhor do que cem anos de vida de alguém que é dissoluto e de mente descontrolada.

यो च वस्ससतं जीवे दुप्पञ्ञो असमाहितो।
एकाहं जीवितं सेय्यो पञ्ञवन्तस्स झायिनो॥१११॥

Yo ca vassasataṁ jīve duppañño asamāhito |
ekāhaṁ jīvitaṁ seyyo, paññavantassa jhāyino || 111 ||

यो च वस्ससतं जीवे कुसीतो हीनवीरियो।
एकाहं जीवितं सेय्यो वीरि यमारभतो दळ्हं॥११२॥

Yo ca vassasataṁ jīve kusīto hīnavīriyo |
ekāhaṁ jīvitaṁ seyyo viri yam-ārabhato daḷhaṁ || 112 ||

यो च वस्ससतं जीवे अपस्सं उदयब्बयं।
एकाहं जीवितं सेय्यो पस्सतो उदयब्बयं॥११३॥

Yo ca vassasataṁ jīve apassaṁ udayabbayaṁ |
ekāhaṁ jīvitaṁ seyyo passato udayabbayaṁ || 113 ||

यो च वस्ससतं जीवे अपस्सं अमतं पदं।
एकाहं जीवितं सेय्यो पस्सतो अमतं पदं॥११४॥

Yo ca vassasataṁ jīve apassaṁ amataṁ padaṁ |
ekāhaṁ jīvitaṁ seyyo passato amataṁ padaṁ || 114 ||

यो च वस्ससतं जीवे अपस्सं धम्ममुत्तमं।
एकाहं जीवितं सेय्यो पस्सतो धम्ममुत्तमं॥११५॥

Yo ca vassasataṁ jīve apassaṁ dhammam-uttamaṁ |
ekāhaṁ jīvitaṁ seyyo passato dhammam-uttamaṁ || 115 ||

111. Um dia na vida daquele que é sábio e contemplativo é melhor do que uma vida de cem anos de alguém que é dissoluto e de mente descontrolada.

112. Um dia na vida de uma pessoa que é vigorosa e resoluta é melhor do que uma vida de cem anos de alguém que é fraco e indolente.

113. Um único dia na vida de uma pessoa que claramente vê a origem e o fim (de todas as coisas) é melhor do que cem anos de vida daquele que não percebe a origem e o fim das coisas.

114. Um dia na vida de uma pessoa que sabe o significado da imortalidade (*amata*) é muito melhor do que se alguém viver cem anos sem o saber.

115. Um dia na vida de uma pessoa que cumpre a Verdade Sublime (*dhammamutta*) é realmente melhor do que uma vida de cem anos de alguém que não cumpre a Verdade Sublime.

***Sūtras* 104-105**

Devas e *Gandharvas* são os anjos e músicos celestes que pertencem à classe dos semideuses. *Māra*, que significa a morte, e *Brahmā* que é o princípio criador da vida, encontram-se neste contexto associados aos princípios do bem e do mal. Mas *Brahmā*, segundo o *Dharma* búdico, e especificamente neste verso, é um *Deva*, o líder do Mundo dos Brahmas (*Brahma loka*), o céu dos *Brahmas*, dos seres supra-humanos, livres de desejo sensual.

***Sūtra* 107**

Referem-se aqui os sacerdotes brâmanes que praticam o sacrifício do fogo sagrado ou do *agnihotra*.

IX
O MAL*

पापवग्गो नवमो

Pāpavaggo Navamo

(*) *Pāpa* deve ser interpretado como "má ação", no sentido em que ela se desvia do Reto Dever ou da Lei Universal (*Dhammapada*) por ignorância do homem. Assim, *pāpa* opõe-se à natureza de *puñña*, que é a "boa ação" ou o "bem". *Pāpa* é ainda comparado a um "veneno" (*visa*) que corrompe o sangue e se alastra, como a alma quando fica corrompida pela maldade.

अभित्थरेथ कल्याणे पापा चित्तं निवारये।
दन्धञ्हि करोतो पुञ्ञं पापस्मिं रमती मनो ॥११६॥

Abhittharetha kalyāṇe pāpā cittaṁ nivāraye |
dandhaṁ hi karato puññaṁ pāpasmiṁ ramatī mano || 116 ||

पापञ्चे पुरिसो कयिरा न तं कयि रा पुनप्पुनं।
न तम्हि छन्दं कयि राथ दुक्खो पापस्स उच्चयो ॥११७॥

Pāpañ-ce puriso kayi rā na taṁ kayi rā punappunaṁ |
na tamhi chandaṁ kayi rātha dukkho pāpassa uccayo || 117 ||

पुञ्ञञ्चे पुरिसो कयिरा कयि राथेतं पुनप्पुनं।
तम्हि छन्दं कयिराथ सुखो पुञ्ञस्स उच्चयो ॥११८॥

Puññañ-ce puriso kayirā kayi rāthetaṁ punappunaṁ |
tamhi chandaṁ kayirātha sukho puññassa uccayo || 118 ||

पापोपि पस्सति भद्रं याव पापं न पच्चति।
यदा च पच्चति पापं अथ पापो पापानि पस्सति ॥११९॥

Pāpo pi passati bhadraṁ yāva pāpaṁ na paccati |
yadā ca paccati pāpaṁ atha pāpo pāpāni passati || 119 ||

भद्रो पि पस्सति पापं याव भद्रं न पच्चति।
यदा च पच्चति भद्रं अथ भद्रो भद्रानि पस्सति ॥१२०॥

Bhadro pi passati pāpaṁ yāva bhadraṁ na paccati |
yadā ca paccati bhadraṁ atha bhadro bhadrāni passati || 120 ||

116. Apressa-te em praticar o bem (*puñña*) e refreia a mente do mal (*pāpa*); se alguém é lento em praticar o bem, a mente acaba por se deliciar com o mal.

117. Se um homem (*puriso*) pratica o mal, que ele não o volte a repetir uma e outra vez; que ele não se delicie nisso, porque o acúmulo do mal traz sofrimento.

118. Se um homem pratica uma boa ação, que ele a volte a praticar uma e outra vez; que ele desenvolva o desejo por fazer o bem, (pois) a felicidade (*sukha*) é o resultado do seu acúmulo.

119. Até o malfeitor encontra alguma felicidade enquanto sua má ação não dá resultado; mas logo que dá, então ele vê seus resultados.

120. Até aquele que pratica boas ações conhece o mal enquanto sua boa ação não dá resultados; mas quando ela dá, então vê os efeitos afortunados das ações meritórias.

माप्पमञ्ञेथ पापस्स न मं तं आगमिस्सति।
उदबिन्दुनिपातेन उदकुम्भो पि पूरति।
बालो पूरति पापस्स थोकं थोकम्पि आचिनं॥१२१॥

Māppamaññetha pāpassa na maṁ taṁ āgamissati |
udabindunipātena udakumbho pi pūrati |
bālo pūrati pāpassa thokaṁ thokam-pi ācinaṁ || 121 ||

मावमञ्ञेथ पुञ्ञस्स न मन्तं आगमिस्सति।
उदबिन्दुनिपातेन उदकुम्भो पि पूरति।
धीरो पूरति पुञ्ञस्स थोकम्पि आचिनं॥१२२॥

Māppamaññetha puññassa na mantaṁ āgamissati |
udabindunipātena udakumbho pi pūrati |
dhīro pūrati puññassa, thokathokam-pi ācinaṁ || 122 ||

वाणिजो व भयं मग्गं अप्पसत्थो महद्धनो।
विसं जीवितुकामो व पापानि परिवज्जये॥१२३॥

Vāṇijo va bhayaṁ maggaṁ appasattho mahaddhano |
visaṁ jīvitukāmo va pāpāni parivajjaye || 123 ||

पाणिम्हि चे वणो नास्स हरेय्य पाणिना विसं।
नाब्बणं विसमन्वेति नत्थि पापं अकुब्बतो॥१२४॥

Pāṇimhi ce vaṇo nāssa hareyya pāṇinā visaṁ |
nābbaṇaṁ visam-anveti natthi pāpaṁ akubbato || 124 ||

यो अप्पदुट्ठस्स नरस्स दुस्सति सुद्धस्स पोसस्स अनङ्गणस्स।
तमेव बालं पच्चेति पापं सुखुमो रजो पटिवातंव खित्तो॥१२५॥

Yo appaduṭṭhassa narassa dussati suddhassa posassa anaṅgaṇassa |
tam-eva bālaṁ pacceti pāpaṁ sukhumo rajo paṭivātaṁ va khitto || 125 ||

121. Não penses levianamente sobre o mal, dizendo: "Ele não chegará a mim.". Gota a gota um pote é cheio, tal como aquele sem juízo que, acumulando o mal pouco a pouco, se torna cheio dele.

122. Não penses levianamente sobre a boa ação dizendo: "Ela não chegará a mim.". Gota a gota um pote é cheio, tal como aquele que é sábio que, acumulando a boa ação pouco a pouco, se torna cheio dela.

123. Como um comerciante que tem uma escolta pequena – e contudo transporta muita riqueza – evita uma estrada perigosa, assim o homem que deseja viver muito tempo evita o veneno (*visa*), e, da mesma maneira, o sábio deveria evitar o mal.

124. Se uma pessoa não tiver uma ferida na mão, pode levar veneno na palma. O veneno não o afetará se não tiver nenhuma ferida; (por isso) a pessoa não adoece se não erra.

125. Quem quer que ofenda uma pessoa inocente, pura e sem defeito, (esta) má ação recairá sobre o louco, como pó lançado contra o vento.

गब्भमेके उप्पज्जन्ति निरयं पापकम्मिनो।
सग्गं सुगतिनो यन्ति परिनिब्बन्ति अनासवा॥१२६॥

Gabbham-eke uppajjanti nirayaṁ pāpakammino |
saggaṁ sugatino yanti parinibbanti anāsavā || 126 ||

न अन्तलिक्खे न समुद्दमज्झे न पब्बतानं विवरं पविस्स।
न विज्जती सो जगतिप्पदेसो यत्थट्ठितो मुच्चेय्य पापकम्मा॥१२७॥

Na antalikkhe na samuddamajjhe na pabbatānaṁ vivaraṁ pavissa |
na vijjatī so jagatippadeso yatthaṭṭhito mucceyya pāpakammā || 127 ||

न अन्तलिक्खे न समुद्दमज्झे, न पब्बतानं विवरं पविस्स।
न विज्जती सो जगतिप्पदेसो यत्थट्ठितं नप्पसहेय्य मच्चु॥१२८॥

Na antalikkhe na samuddamajjhe na pabbatānaṁ vivaraṁ pavissa |
na vijjatī so jagatippadeso yatthaṭṭhitaṁ nappasahetha maccu || 128 ||

126. Alguns renascem no útero (*gabbha*); os malfeitores nascem no inferno (*niraya*); aqueles que praticam boas ações vão para céu (*sagga*); e aqueles que estão livres de desejos terrenos atingem o *Nibbāna* (iluminação).

127. Não no céu, nem no meio do oceano, nem mesmo na caverna de uma montanha, deveria alguém buscar refúgio, porque não existe nenhum lugar no mundo onde uma pessoa possa escapar aos efeitos das más ações.

128. Não no céu, nem no meio do oceano, nem mesmo na caverna de uma montanha, deveria alguém buscar refúgio, porque não existe nenhum lugar no mundo onde uma pessoa possa escapar ao poder da morte.

***Sūtra* 126**

Os modos de nascimento segundo o *karma* descritos pelo *Dharma* búdico são de algum modo semelhantes aos descritos, mas com mais precisão e segundo as tendências (*vāsanā*), no *Sūtra* 18 do *Tattva-Samāsa*: *A evolução dos seres é de catorze tipos.* As formas de nascimento são: *Svedaja* (nascimento húmido), *Aṇḍaja* (nascimento por ovo), *Udbhija* (nascimento por rebento) e *Jarāyuja* (nascimento uterino). Cada uma destas formas de nascimento é influenciada por *Sattva*, *Rajas* e *Tamas*. Este processo de evolução tem ainda três divisões menores: celeste ou sobre-humana, humana e rastejante. A primeira destas (celeste) tem oito variedades: *Prājāpatya*, *Aindra*, *Gāndharva*, *Yakṣa*, *Rākṣasa* e *Paiśācha*; a segunda (humana), apenas uma; a terceira (rastejante), cinco: bestas, animais domésticos, pássaros, répteis e imóveis.

X
O BASTÃO DO CASTIGO*

दण्डवग्गो दसमो

Daṇḍavaggo Dasamo

(*) *Daṇḍa*, que genericamente significa uma vara de bambu, é tomado aqui como símbolo do castigo e da punição. Na Índia Pré-Clássica e Clássica, esta vara era usada pelos sacerdotes, peregrinos e pastores, bem como pelos guardas dos palácios e dos templos, sendo assim o símbolo do poder e da justiça. O *daṇḍa* era então usado na aplicação das penas menores sobre vários delitos.

सब्बे तसन्ति दण्डस्स सब्बे भायन्ति मच्चुनो।
अत्तानं उपमं कत्वा न हनेय्य न घातये ॥१२९॥

Sabbe tasanti daṇḍassa sabbe bhāyanti maccuno |
attānaṁ upamaṁ katvā na haneyya na ghātaye || 129 ||

सब्बे तसन्ति दण्डस्स सब्बेसं जीवितं पियं।
अत्तानं उपमं कत्वा न हनेय्य न घातये ॥१३०॥

Sabbe tasanti daṇḍassa sabbesaṁ jīvitaṁ piyaṁ |
attānaṁ upamaṁ katvā na haneyya na ghātaye || 130 ||

सुखकामानि भूतानि यो दण्डेन विहिंसति।
अत्तनो सुखमेसानो पेच्च सो न लभते सुखं ॥१३१॥

Sukhakāmāni bhūtāni yo daṇḍena vihiṁsati |
attano sukham-esāno, pecca so na labhate sukhaṁ || 131 ||

सुखकामानि भूतानि यो दण्डेन न हिंसति।
अत्तनो सुखमेसानो पेच्च सो लभते सुखं ॥१३२॥

Sukhakāmāni bhūtāni yo daṇḍena na hiṁsati |
attano sukham-esāno, pecca so labhate sukhaṁ || 132 ||

मावोच फरुसं कञ्चि वुत्ता पटिवदेय्यु तं।
दुक्खा हि सारम्भकथा पटिदण्डा फुसय्यु तं ॥१३३॥

Māvoca pharusaṁ kañci, vuttā paṭivadeyyu taṁ |
dukkhā hi sārambhakathā, paṭidaṇḍā phuseyyu taṁ || 133 ||

सचे नेरेसि अत्तानं कंसो उपहतो यथा।
एस पत्तोसि निब्बानं सारम्भो ते न विज्जति ॥१३४॥

Sace neresi attānaṁ kaṁso upahato yathā |
esa pattosi Nibbānaṁ, sārambho te na vijjati || 134 ||

129. Todos tremem diante do bastão do castigo (*daṇḍa*); todos temem a morte; assim como para nós mesmos, uma pessoa não deveria matar nem causar a morte.

130. Todos tremem diante do bastão do castigo, pois toda a vida é querida (*piya*); assim como para nós mesmos, uma pessoa não deveria matar nem causar a morte.

131. Aquele que deseja a felicidade (*sukha*) para si, mas que atormenta com uma vara os outros que procuram igualmente a alegria, não obterá a felicidade futura.

132. Aquele que deseja a felicidade para si, mas que não atormenta aos outros que procuram igualmente a alegria, obterá a felicidade futura.

133. Não fales severamente com ninguém; aqueles a quem se fala deste modo retaliarão de forma idêntica; realmente avessa será a resposta, e logo (a vontade) de responder apoderar-se-á de ti.

134. Se conseguires ficar silencioso como um gongo de bronze partido, então atingiste a paz do *Nibbāna*, porque agora já não há discórdia em ti.

यथा दण्डेन गोपालो गावो पाजेति गोचरं।
एवं जरा च मच्चु च आयुं पाजेन्ति पाणिनं॥१३५॥

Yathā daṇḍena gopālo gāvo pāceti gocaraṁ |
evaṁ jarā ca maccu ca āyuṁ pācenti pāṇinaṁ || 135 ||

अथ पापानि कम्मानि करं बालो न बुज्झति।
सेहि कम्मेहि दुम्मेधो अग्गिदड्ढो व तप्पति॥१३६॥

Atha pāpāni kammāni karaṁ bālo na bujjhati |
sehi kammehi dummedho aggidaḍḍho va tappati || 136 ||

यो दण्डेन अदण्डेसु अप्पदुट्ठेसु दुस्सति।
दसन्नमञ्ञतरं ठानं खिप्पमेव निगच्छति॥१३७॥

Yo daṇḍena adaṇḍesu appaduṭṭhesu dussati |
dasannam-aññataraṁ ṭhānaṁ khippam-eva nigacchati || 137 ||

वेदनं फरुसं जानिं सरीरस्स च भेदनं।
गरुकं वा पि आबाधं चित्तक्खेपं व पापुणे॥१३८॥

vedanaṁ pharusaṁ jāniṁ sarīrassa ca bhedanaṁ |
garukaṁ vā pi ābādhaṁ, cittakkhepaṁ va pāpuṇe || 138 ||

राजतो वा उपस्सग्गं अब्भक्खानं व दारुणं।
परिक्खयं व ञातीनं भोगानं व पभङ्गुरं [पभङ्गुनं (क०)]॥१३९॥

rājato vā upassaggaṁ, abbhakkhānaṁ va dāruṇaṁ |
parikkhayaṁ va ñātīnaṁ, bhogānaṁ va pabhaṅguraṁ || 139 ||

अथ वास्स अगारानि अग्गि डहति पावको।
कायस्स भेदा दुप्पञ्ञो निरयं सो उपपज्जति॥१४०॥

Atha vāssa agārāni aggi ḍahati pāvako |
kāyassa bhedā duppañño nirayaṁ so upapajjati || 140 ||

135. Como um vaqueiro (*gopāla*) guia o gado com a vara para a pastagem, assim guia a velhice e a morte (*maccu*) as vidas dos seres (*pāṇī*) sensíveis.

136. Quando uma pessoa ignorante[9] comete más ações, ela não percebe a natureza delas. O homem estúpido queima-se em razão destas ações como se fosse consumido pelo fogo (*aggi*).

137. Aquele que inflige castigo a quem não merece e magoa aqueles que são inofensivos, essa pessoa virá a enfrentar uma destas dez situações:

138, 139, 140. Pode vir logo a sentir uma dor terrível, grandes privações, dano físico, doença profunda ou desordem mental, a ira de um rei (*rāja*) ou uma terrível acusação, perda de familiares, a total destruição dos bens, ou um fogo súbito poderá queimar suas casas. Depois da dissolução de seu corpo físico (*kāya*), certamente nascerá no inferno (*niraya*).

9. Aquela que desconhece o *Dhamma*.

न नग्गचरि या न जटा न पङ्का नानासका थण्डिलसायिका वा।
रजोजल्लं उक्कुटिकप्पधानं।
सोधेन्ति मच्चं अवितिण्णकङ्खं॥१४१॥

Na naggacari yā na jaṭā na paṅkā nānāsakā thaṇḍilasāyikā vā |
rājojallaṁ ukkuṭikappadhānaṁ |
sodhenti maccaṁ avitiṇṇakaṅkhaṁ || 141 ||

अलङ्कतो चे पि समं चरेय्य सन्तो दन्तो नियतो ब्रह्मचारी।
सब्बेसु भूतेसु निधाय दण्डं सो ब्राह्मणो सो समणो स भिक्खु॥१४२॥

Alaṅkato ce pi samaṁ careyya santo danto niyato brahmacārī |
Sabbesu bhūtesu nidhāya daṇḍaṃ,
so brāhmaṇo so samaṇo sa bhikkhu. || 142 ||

हिरीनिसेधो पुरिसो कोचि लोकस्मि विज्जति।
यो निद्दं अपबोधेति अस्सो भद्रो कसामिव॥१४३॥

Hirīnisedho puriso koci lokasmi vijjati |
yo nindaṁ apabodheti asso bhadro kasām-iva || 143 ||

अस्सो यथा भद्रो कसानिविट्ठो आतापिनो संवेगिनो भवाथ।
सद्धाय सीलेन च वीरियेन च समाधिना धम्मविनिच्छयेन च।
सम्पन्नविज्जाचरणा पतिस्सता पहस्सथ दुक्खमिदं अनप्पकं॥१४४॥

Asso yathā bhadro kasāniviṭṭho ātāpino saṁvegino bhavātha |
Saddhāya sīlena ca vīriyena ca samādhinā Dhammavinicchayena ca |
Sampannavijjācaraṇā patissatā pahassatha
dukkham-idaṁ anappakaṁ || 144 ||

उदकञ्हि नयन्ति नेत्तिका उसुकारा नमयन्ति तेजनं।
दारुं नमयन्ति तच्छका अत्तानं दमयन्ति सुब्बता॥१४५॥

Udakaṁ hi nayanti nettikā usukārā namayanti tejanaṁ |
dāruṁ namayanti tacchakā attānaṁ damayanti subbatā || 145 ||

141. Mesmo que se desnude ou que se feche a cadeado; que se cubra de lama, jejue, minta ou se deite sobre a terra nua; que se esparja com fuligem, ou se ajoelhe, nada pode purificar um homem que não se libertou de suas dúvidas.

142. Mesmo que uma pessoa se vista bem, se ela desenvolver a tranquilidade, a calma (e) a autodisciplina, for resoluta e celibatária (*brahmacārin*) e se abstiver de prejudicar os outros, ela realmente é um *Brāhmaṇa*, um asceta (*Samaṇa*) e um monge (*Bhikkhu*).

143. Haverá algum homem (*puriso*) neste mundo que tenha tanto autodomínio através da modéstia e que evite a censura, como um cavalo (*assa*) treinado que evita o chicote.

144. Como um cavalo bem treinado quando chicoteado, assim tu deves ser corajoso e ardente. Por devoção (*saddhā*), virtude (*sila*), esforço (*viriya*), concentração (*samādhi*), e pela investigação crítica do *Dhamma*, possas tu abandonar este grande sofrimento, perfeito em sabedoria, na conduta e na consciência.

145. Os aguadeiros administram a água onde eles querem; os flecheiros preparam as flechas, os carpinteiros trabalham a madeira, e os homens sábios disciplinam-se.

***Sūtras* 138-140**

As dez situações decorrentes do mal que se inflige aos outros são a perversão das correspondentes qualidades da ação do homem, definidas no *Sūtra* 16 do *Tattva-Samāsa*: "os objetos originais são dez" – a existência, a unidade, a produtividade, a alteridade, a capacidade de autoentrega ou de servir o outro, a pluralidade, a separabilidade, a união, a existência finita e não ser agente de relação.

***Sūtra* 141**

As situações aqui descritas inserem-se no conceito de penitência praticada em várias religiões. A ideia de remissão dos pecados e das dúvidas no budismo, assim como para as grandes filosofias do oriente, passa essencialmente por conhecer a lei de causa e efeito (*karma*), assim como a Lei Universal (*dharma*). Conhecendo as duas, as penitências são desnecessárias e o sofrimento acaba.

XI
A VELHICE

जरावग्गो एकादसमो

Jarāvaggo Ekādasamo

को नु हासो किमानन्दो निच्चं पज्जलिते सति।
अन्धकारेन ओनद्धा पदीपं न गवेसथ ॥१४६॥

Ko nu hāso, kim-ānando niccaṁ pajjalite sati |
andhakārena onaddhā padīpaṁ na gavesatha || 146 ||

पस्स चित्तकतं बिम्बं अरुकायं समुस्सितं।
आतुरं बहुसङ्कप्पं यस्स नत्थि धुवं ठिति ॥१४७॥

Passa cittakataṁ bimbaṁ arukāyaṁ samussitaṁ |
āturaṁ bahusaṅkappaṁ yassa natthi dhuvaṁ ṭhiti || 147 ||

परिजिण्णमिदं रूपं रोगनीळं पभङ्गुरं।
भिज्जति पूतिसन्देहो मरणन्तञ्हि जीवितं ॥१४८॥

Parijiṇṇam-idaṁ rūpaṁ, roganīḷaṁ pabhaṅguraṁ |
bhijjati pūtisandeho maraṇantaṁ hi jīvitaṁ || 148 ||

यानिमानि अपत्थानि अलापूनेव सारदे।
कापोतकानि अट्ठीनि तानि दिस्वान का रति ॥१४९॥

Yānimāni apatthāni alāpūneva sārade |
kāpotakāni aṭṭhīni tāni disvāna kā rati || 149 ||

अट्ठीनं नगरं कतं मंसलोहितलेपनं।
यत्थ जरा च मच्चु च मानो मक्खो च ओहितो ॥१५०॥

Aṭṭhīnaṁ nagaraṁ kataṁ maṁsalohitalepanaṁ |
yattha jarā ca maccu ca māno makkho ca ohito || 150 ||

जीरन्ति वे राजरथा सुचित्ता अथो सरीरम्पि जरं उपेति।
सतञ्च धम्मो न जरं उपेति सन्तो हवे सब्भि पवेदयन्ति ॥१५१॥

Jīranti ve rājarathā sucittā atho sarīram-pi jaraṁ upeti |
satañ-ca Dhammo na jaraṁ upeti santo have sabbhi pavedayanti || 151 ||

146. Por que rir, por que estar exaltado, quando tudo arde constantemente?[10] Não deverias tu procurar a luz da sabedoria quando estás envolvido pela escuridão da ignorância?

147. Vê este corpo ilusório, resplandecente (*citta*) e enfermo (*ātura*), uma estrutura de ossos, sujeito a doença constante, cheio de incontáveis desejos, no qual nada há de permanente ou estável.

148. Esta delicada forma é um ninho de doenças, frágil e pútrida. Desintegra-se e a morte é o fim da vida.

149. Estes ossos cinzentos são como as cabaças deitadas fora no outono. Que prazer há em olhar para eles?

150. Aqui está uma fortaleza feita de ossos, coberta de carne e sangue, onde se escondem a decadência, a morte, a vaidade e o descrédito.

151. As carruagens reais, alegremente decoradas, saem. Da mesma forma o faz este corpo. Mas a verdade daquele que é íntegro não desaparece com a idade. Assim faz o iluminado proclamando-o aos sábios.

---

10. Quando tudo é consumido pelos desejos.

अप्पस्सुतायं पुरिसो बलिवद्दोव जीरति।
मंसानि तस्स वड्ढन्ति पञ्ञा तस्स न वड्ढति ॥१५२॥

Appassutāyaṁ puriso balivaddo va jīrati |
maṁsāni tassa vaḍḍhanti paññā tassa na vaḍḍhati || 152 ||

अनेकजातिसंसारं सन्धाविस्सं अनिब्बिसं।
गहकारकं गवेसन्तो दुक्खा जाति पुनप्पुनं ॥१५३॥

Anekajātisaṁsāraṁ sandhāvissaṁ anibbisaṁ |
gahakārakaṁ gavesanto dukkhā jāti punappunaṁ || 153 ||

गहकारक दिट्ठोसि, पुन गेहं न काहसि।
सब्बा ते फासुका भग्गा गहकूटं विसङ्खतं।
विसङ्खारगतं चित्तं तण्हानं खयमज्झगा ॥१५४॥

Gahakāraka diṭṭhosi Puna gehaṁ na kāhasi |
sabbā te phāsukā bhaggā, gahakūṭaṁ visaṅkhataṁ |
visaṅkhāragataṁ cittaṁ, taṇhānaṁ khayam-ajjhagā || 154 ||

अचरित्वा ब्रह्मचरि यं अलद्धधा योब्बने धनं।
जिण्णकोञ्चाव झायन्ति खीणमच्छे व पल्लले ॥१५५॥

Acaritvā brahmacari yaṁ, aladdhā yobbane dhanaṁ |
jiṇṇakoñcā va jhāyanti khīṇamacche va pallale || 155 ||

अचरित्वा ब्रह्मचरियं अलद्धा योब्बने धनं।
सेन्ति चापातिखीणाव, पुराणानि अनुत्थुनं ॥१५६॥

Acaritvā brahmacari yaṁ aladdhā yobbane dhanaṁ |
senti cāpātikhīṇāva, purāṇāni anutthunaṁ || 156 ||

152. O homem de pouco conhecimento espiritual cresce como um touro; sua carne aumenta, mas a sabedoria, não.

153. Através de inúmeros nascimentos eu atravessei o ciclo do *Saṁsāra*, procurando o carpinteiro (*gahakāraka*) deste tabernáculo, mas em vão. Realmente triste é a repetição cíclica dos nascimentos.

154. Oh, carpinteiro, eu vi-te; tu não construirás a casa outra vez. Todas as vigas estão quebradas; o pilar do meio está deitado abaixo. A mente (*citta*) chegou à dissolução (*Nibbāna*), tendo atingido a extinção de todas as ambições (*taṇha*).

155. Aqueles que não praticam autodisciplina, que não adquirem riqueza quando novos, quando envelhecem, consomem-se, como velhas garças em um lago seco onde não há peixes.

156. Aqueles que não praticam autodisciplina, que não adquirem riqueza quando novos, jazem como flechas quebradas, lamentando-se das ações do passado.

Comentário

Sūtra 147

Na tradução inglesa de Harischandra Kaviratna, *citta* é traduzido como "embelezar", no sentido em que o corpo está cheio de "joias" e "atributos". Ora, o que dá "luz" ao corpo é a inteligência (*citta*), mas até ela é ilusória e fruto da realidade e da educação, por isso sujeita à corrupção.

XII
A VIDA

अत्तवग्गो द्वादसमो

Attavaggo Dvādasamo

अत्तानञ्चे पियं जञ्ञा रक्खेय्य नं सुरक्खितं।
तिण्णं अञ्ञतरं यामं पटिजग्गेय्य पण्डितो॥१५७॥

Attānañ-ce piyaṁ jaññā rakkheyya naṁ surakkhitaṁ |
tiṇṇam-aññataraṁ yāmaṁ paṭijaggeyya paṇḍito || 157 ||

अत्तानमेव पठमं पतिरूपे निवेसये।
अथञ्ञमनुसासेय्य न किलिस्सेय्य पण्डितो॥१५८॥

Attānam-eva paṭhamaṁ patirūpe nivesaye |
athaññam-anusāseyya, na kilisseyya paṇḍito || 158 ||

अत्तानं चे तथा कयि रा यथाञ्ञमनुसासति।
सुदन्तो वत दमेथ अत्ता हि किर दुद्दमो॥१५९॥

Attānañ-ce tathā kayi rā yathaññam-anusāsati |
sudanto vata dametha attā hi kira duddamo || 159 ||

अत्ता हि अत्तनो नाथो को हि नाथो परो सिया।
अत्तना हि सुदन्तेन नाथं लभति दुल्लभं॥१६०॥

Attā hi attano nātho ko hi nātho paro siyā |
Attanā va sudantena nāthaṁ labhati dullabhaṁ || 160 ||

अत्तना हि कतं पापं अत्तजं अत्तसम्भवं।
अभिमन्तति दुम्मेधं वजिरं वस्ममयं मणिं॥१६१॥

Attanā va kataṁ pāpaṁ attajaṁ attasambhavaṁ |
abhimatthati dummedhaṁ vajiraṁ vasmamayaṁ maṇiṁ || 161 ||

157. Se um homem tem estima por si (*atta*), que ele se vigie com muito cuidado. Que o homem sábio seja vigilante de si mesmo, em uma das três vigias.

158. Que cada um se firme primeiro na reta conduta, só então poderá aconselhar aos outros. Tal homem sábio não sofre de nenhuma acusação.

159. Que o homem se transforme naquilo que ele aconselha aos outros. Assim, controlado ele poderá controlar os outros. Realmente, é extremamente difícil controlar-se a si próprio.

160. A pessoa (*atta*) é o mestre de si mesma. Quem mais pode ser o mestre? Com a pessoa completamente controlada, ela obtém o refúgio sublime que é muito difícil de alcançar.

161. O sofrimento (*pāpa*) infligido por si mesmo, nascido de si mesmo e produzido por si mesmo destrói a mente perversa como o diamante corta a pedra preciosa.

यस्स अच्चन्तदुस्सील्यं मालुवा सालमिवोत्थतं ।
करोति सो तथत्तानं यथा नं इच्छती दिसो ॥१६२॥

Yassa accantadussīlyaṁ māluvā Sālam-ivotataṁ |
karoti so tathattānaṁ yathā naṁ icchatī diso || 162 ||

सुकरानि असाधूनि अत्तनो अहितानि च ।
यं वे हितञ्च साधुञ्च तं वे परमदुक्करं ॥१६३॥

Sukarāni asādhūni, attano ahitāni ca |
yaṁ ve hitañ-ca sādhuñ-ca taṁ ve paramadukkaraṁ || 163 ||

यो सासनं अरहतं अरियानं धम्मजीविनं ।
पटिक्कोसति दुम्मेधो दिट्ठिं निस्साय पापिकं।
फलानि कट्ठकस्सेव अत्तघञ्ञाय फल्लति ॥१६४॥

Yo sāsanaṁ arahataṁ Ariyānaṁ Dhammajīvinaṁ |
paṭikkosati dummedho diṭṭhiṁ nissāya pāpikaṁ |
phalāni kaṭṭhakasseva attaghaññāya phallati || 164 ||

अत्तना व कतं पापं अत्तना संकिलिस्सति ।
अत्तना अकतं पापं अत्तना व विसुज्झति ।
सुद्धी असुद्धि पच्चत्तं नाञ्ञो अञ्ञं विसोधये ॥१६५॥

Attanā va kataṁ pāpaṁ, attanā saṁkilissati |
attanā akataṁ pāpaṁ, attanā va visujjhati |
suddhī asuddhī paccattaṁ nāñño aññaṁ visodhaye || 165 ||

अत्तदत्थं परत्थेन बहुना पि न हापये ।
अत्तदत्थमभिञ्ञाय सदत्थपसुतो सिया ॥१६६॥

Atta-d-atthaṁ paratthena bahunā pi na hāpaye |
atta-d-attham-abhiññāya sa-d-atthapasuto siyā || 166 ||

162. Assim como a trepadora parasita *māluvā* destrói a árvore *sāla* quando a entrelaça, também a conduta imoral de um homem faz gradualmente dele o que o seu inimigo lhe deseja.

163. É muito mais fácil executar más ações que não são benéficas para si próprio. Mas é extremamente difícil executar uma ação que é reta e benéfica.

164. Se uma mente perversa, por causa dos seus pontos de vista errados, insulta os ensinamentos dos nobres (*Ariyas*) e virtuosos *Arahats*, em verdade ela produz o fruto da sua própria destruição, assim como faz a cana (*kaṭṭhaka*).

165. Por si próprio o mal é feito; por si própria a pessoa suja-se; por si próprio o mal não é feito; por si própria a pessoa purifica-se. A pureza e a impureza dependem da própria pessoa (e) ninguém pode purificar o outro.

166. No entanto, por muito que uma pessoa esteja envolvida em atividades para o bem dos outros, não deveria negligenciar seu próprio propósito. Tendo discernido sua própria tarefa, que ela se aplique àquela tarefa com diligência.

***Sūtra* 157**
Vigilante durante os três momentos do dia (manhã, meio-dia ou tarde) ou da noite (pôr do sol, noite ou madrugada).

XIII
O MUNDO

लोकवग्गो तेरसमो

Attavaggo Dvādasamo

हीनं धम्मं न सेवेय्य पमादेन न संवसे।
मिच्छादिट्ठिं न सेवेय्य न सिया लोकवड्ढनो ॥१६७॥

Hīnaṁ dhammaṁ na seveyya pamādena na saṁvase |
micchādiṭṭhiṁ na seveyya, na siyā lokavaḍḍhano || 167 ||

उत्तिट्ठे नप्पमज्जेय्य धम्मं सुचरितं चरे।
धम्मचारी सुखं सेति अस्मिं लोके परम्हि च ॥१६८॥

Uttiṭṭhe nappamajjeyya Dhammaṁ sucaritaṁ care |
Dhammacārī sukhaṁ seti asmiṁ loke paramhi ca || 168 ||

धम्मं चरे सुचरितं न नं दुच्चरितं चरे।
धम्मचारी सुखं सेति अस्मिं लोके परम्हि च ॥१६९॥

Dhammaṁ care sucaritaṁ na naṁ duccaritaṁ care |
Dhammacārī sukhaṁ seti asmiṁ loke paramhi ca || 169 ||

यथा पुब्बुळकं पस्से यथा पस्से मरीचिकं।
एवं लोकं अवेक्खन्तं मच्चुराजा न पस्सति ॥१७०॥

Yathā pubbuḷakaṁ passe yathā passe marīcikaṁ |
evaṁ lokaṁ avekkhantaṁ Maccurājā na passati || 170 ||

एथ पस्सथिमं लोकं चित्तं राजरथूपमं।
यत्थ बाला विसीदन्ति नत्थि सङ्गो विजानतं ॥१७१॥

Etha passathimaṁ lokaṁ cittaṁ rājarathūpamaṁ |
yattha bālā visīdanti natthi saṅgo vijānataṁ || 171 ||

यो च पुब्बे पमज्जित्वा पच्छा सो नप्पमज्जति।
सोमं लोकं पभासेति अब्भा मुत्तो व चन्दिमा ॥१७२॥

Yo ca pubbe pamajjitvā pacchā so nappamajjati |
somaṁ lokaṁ pabhāseti abbhā mutto va candimā || 172 ||

167. Que ninguém siga um caminho de existência degradante, nem viva na indolência; que não siga opiniões erradas, nem seja uma pessoa que prolongue a existência mundana.

168. Desperta! Não sejas descuidado. Segue o *Dhamma* (retidão). Aquele que segue o caminho da verdade vive feliz neste mundo e no outro.

169. Segue a lei da moralidade; não sigas a lei da imoralidade; aquele que segue o caminho da verdade vive felizmente neste mundo e no outro.

170. Olha o mundo como uma bolha, vê-o como uma miragem; o rei da morte (*Māra*) nunca encontrará aquele que vê o mundo desta forma.

171. Vem, olha para este mundo como uma carruagem real, na qual estão metidos os loucos, enquanto o homem de entendimento não sente atração por ele.

172. Aquele que antes era descuidado, mas que depois se tornou cuidadoso, ilumina o mundo como a lua quando está livre das nuvens.

यस्स पापं कतं कम्मं कुसलेन पिधीयति।
सोमं लोकं पभासेति अब्भा मुत्तो व चन्दिमा ॥१७३॥

Yassa pāpaṁ kataṁ kammaṁ kusalena pithīyati |
somaṁ lokaṁ pabhāseti abbhā mutto va candimā || 173 ||

अन्धभूतो [अन्धीभूतो (क०)] अयं लोको, तनुकत्थ विपस्सति।
सकुणो जालमुत्तोव, अप्पो सग्गाय गच्छति ॥१७४॥

Andhabhūto ayaṁ loko, tanukettha vipassati |
sakunto jālamutto va appo saggāya gacchati || 174 ||

हंसादिच्चपथे यन्ति आकासे यन्ति इद्धिया।
नीयन्ति धीरा लोकम्हा जेत्वा मारं सवाहनं ॥१७५॥

Haṁsādiccapathe yanti ākāse yanti iddhiyā |
nīyanti dhīrā lokamhā, jetvā Māraṁ savāhanaṁ || 175 ||

एकं धम्मं अतीतस्स मुसावादिस्स जन्तुनो।
वितिण्णपरलोकस्स नत्थि पापं अकारियं ॥१७६॥

Ekaṁ dhammaṁ atītassa, musāvādissa jantuno |
vitiṇṇaparalokassa, natthi pāpaṁ akāriyaṁ || 176 ||

न वे कदरि या देवलोकं वजन्ति बाला हवे नप्पसंसन्ति दानं।
धीरो च दानं अनुमोदमानो तेनेव सो होति सुखी परत्थ ॥१७७॥

Na ve kadari yā devalokaṁ vajanti bālā have nappasaṁsanti dānaṁ |
dhīro ca dānaṁ anumodamāno teneva so hoti sukhī parattha || 177 ||

पथब्या एकरज्जेन सग्गस्स गमनेन वा।
सब्बलोकाधिपच्चेन सोतापत्तिफलं वरं ॥१७८॥

Pathavyā ekarajjena saggassa gamanena vā |
sabbalokādhipaccena sotāpattiphalaṁ varaṁ || 178 ||

173. Aquele cujas más ações são substituídas por ações meritórias ilumina o mundo como a lua quando está livre das nuvens.

174. Este mundo é cego. Poucos são aqueles que podem ver as coisas tal como elas são. Como pássaros que escapam da rede, poucos vão para o céu.

175. Os cisnes (*haṁsa*) voam no caminho do sol. Aqueles que têm poderes (*iddhi*) voam pelo espaço (*ākāsa*), mas o sábio afasta-se do mundo conquistando *Māra* e suas hostes.

176. Quando um homem já violou o *Dhamma*, quando ele é um mentiroso e rejeita a ideia de um outro mundo, não há nenhum mal de que ele não seja capaz.

177. As pessoas avarentas certamente não vão para o mundo dos deuses (*devaloka*). Os tolos não elogiam a generosidade, mas o homem sábio que tem prazer em dar é feliz no outro mundo.

178. Melhor que ser o monarca (*ekarajja*) de toda a terra, melhor que ir para o céu ou ter soberania sobre o universo inteiro é o resultado de se entrar no caminho (*patha*).

Sūtra 175

Um *siddhi* é todo e qualquer poder paranormal.

Sūtra 178

Sobre as formas de libertação optamos por apresentar aqui a tradução do comentário integral da edição francesa realizada pelo Centre d'Etudes Dharmiques de Gretz, editado em 1993:

No *Dharma* reconhecemos quatro graus de libertação, cada um deles de dois modos:

1. o rasto de entrar na corrente/o fruto de entrar na corrente;
2. o rasto de não voltar para trás mais do que uma vez/o fruto de não voltar para trás mais do que uma vez;
3. o rasto de não voltar atrás/o fruto de não voltar atrás (no mundo regido pelos desejos dos sentidos);
4. o rasto do *Arahat*/o fruto do *Arahat*.

O "rasto" designa o momento quando entramos num quarto grau da libertação, sendo o *Nirvāṇa* a libertação total. Esta entrada produzida pela visão intuitiva (*vipaśyanā*) da não permanência, da insatisfação e da não essência da existência é como um raio que transforma irreversivelmente a vida e a natureza. Pelo "fruto" designamos aqueles momentos de consciência que se seguem imediatamente como resultado do rasto e que, dependendo das circunstâncias, podem se repetir inúmeras vezes durante a vida. Aquele que "entrou na corrente" quebrou os três primeiros laços ou obstáculos (*samyojanāni*) que acorrentam a vida fenomênica:

1. a crença num eu, duradouro, autogênico, separado;
2. a dúvida estéril;
3. a atração às regras éticas e às cerimônias.

Aquele que "não volta atrás mais do que uma vez" quebrou o quarto e o quinto laços:

4. o desejo sensual; e
5. a agressividade.

Aquele que não volta atrás quebrou completamente os cinco laços e não regressa a este mundo regido pelos desejos dos sentidos. Finalmente, o *Arahat* quebrou os dez obstáculos, os cinco já mencionados e os cinco seguintes:

6. o desejo de existir no mundo da forma sutil;
7. o desejo de existir no mundo sem forma;
8. o orgulho;
9. a agitação (residual); e
10. a ignorância (residual).

XIV
O BUDA

बुद्धवग्गो चुद्दसमो

Buddhavaggo Cuddasamo

यस्स जितं नावजीयति जितं यस्स नो याति कोचि लोके।
तं बुद्धमनन्तगोचरं अपदं केन पदेन नेस्सथ॥१७९॥

Yassa jitaṁ nāvajīyati jitaṁ assa no yāti koci loke |
tam-Buddham-anantagocaraṁ apadaṁ kena padena nessatha || 179 ||

यस्स जालिनी विसत्तिका, तण्हा नत्थि कुहिञ्चि नेतवे।
तं बुद्धमनन्तगोचरं, अपदं केन पदेन नेस्सथ॥१८०॥

Yassa jālinī visattikā | taṇhā natthi kuhiñci netave |
tam-Buddham-anantagocaraṁ | apadaṁ kena padena nessatha || 180 ||

ये झानपसुता धीरा नेक्खम्मूपसमे रता।
देवा पि तेसं पिहयन्ति सम्बुद्धानं सतीमतं॥१८१॥

Ye jhānapasutā dhīrā, nekkhammūpasame ratā |
devā pi tesaṁ pihayanti, Sambuddhānaṁ satīmataṁ || 181 ||

किच्छो मनुस्सपटिलाभो किच्छं मच्चान जीवितं।
किच्छं सद्धम्मस्सवनं किच्छो बुद्धानमुप्पादो॥१८२॥

Kiccho manussapaṭilābho kicchaṁ maccāna jīvitaṁ |
kicchaṁ Saddhammasavanaṁ kiccho Buddhānam-uppādo || 182 ||

सब्बपापस्स अकरणं कुसलस्स उपसम्पदा।
सचित्तपरि योदपनं एतं बुद्धान सासनं॥१८३॥

Sabbapāpassa akaraṇaṁ kusalassa upasampadā |
sacittapari yodapanaṁ etaṁ Buddhāna sāsanaṁ || 183 ||

खन्ती परमं तपो तितिक्खा निब्बानं परमं वदन्ति बुद्धा।
न हि पब्बजितो परूपघाती न समणो होति परं विहेठयन्तो॥१८४॥

Khantī paramaṁ tapo titikkhā Nibbānaṁ paramaṁ vadanti Buddhā |
na hi pabbajito parūpaghātī na samaṇo hoti paraṁ viheṭhayanto || 184 ||

179. Aquele cuja vitória nunca se perde e cuja conquista ninguém no mundo (*loka*) pode tirar, esse Buda cuja casa é o infinito (*ananta*), o Sem-caminho tal como ele é, por que caminho o conduzirás tu?

180. Aquele que não tem atração ou desejo apegado que o conduza a qualquer caminho, esse Buda cuja casa é o infinito, o Sem-caminho tal como ele é, por qual caminho o conduzirás tu?

181. Aqueles sábios que estão concentrados na meditação (*jhāna*) e que encontram prazer na paz de uma vida espiritual, os Budas perfeitos, até os *Devas* os invejam e os veneram.

182. Nascer como um ser humano (*mānusika*) é difícil, (e) difícil é a vida dos mortais (*macca*). (Mas) difícil é ouvir o verdadeiro ensinamento (*saddhā*), e raros são os que se transformam em Budas. Evitar todo o mal, praticar o bem e purificar a mente é o ensinamento dos Budas.

183. Evitar todo o mal, praticar o bem e purificar a mente é o ensinamento dos Budas.

184. A paciência, que é um longo sofrimento (*vedanā*), é a mais elevada austeridade. Os Budas dizem que o *Nibbāna* é sublime. Aquele que prejudica o outro não é verdadeiramente um anacoreta (*tāpasa*); nem ele é um asceta se causa sofrimento a outro.

अनूपवादो अनूपघातो पातिमोक्खे च संवरो।
मत्तञ्ञुता च भत्तस्मिं पन्तञ्च सयनासनं।
अधिचित्ते च आयोगो एतं बुद्धान सासनं॥१८५॥

Anupavādo anupaghāto pātimokkhe ca saṁvaro |
mattaññutā ca bhattasmiṁ, pantañ-ca sayanāsanaṁ |
adhicitte ca āyogo etaṁ Buddhāna sāsanaṁ || 185 ||

न कहापणवस्सेन तित्ति कामेसु विज्जति।
अप्पस्सादा दुखा कामा इति विञ्ञाय पण्डितो॥१८६॥

Na kahāpaṇavassena titti kāmesu vijjati |
Appassādā dukhā kāmā, iti viññāya paṇḍito || 186 ||

अपि दिब्बेसु कामेसु रतिं सो नाधिगच्छति।
तण्हक्खयरतो होति सम्मासम्बुद्धसावको॥१८७॥

api dibbesu kāmesu ratiṁ so nādhigacchati |
Taṇhakkhayarato hoti Sammāsambuddhasāvako || 187 ||

बहुं वे सरणं यन्ति पब्बतानि वनानि च।
आरामरुक्खचेत्यानि मनुस्सा भयतज्जिता॥१८८॥

Bahuṁ ve saraṇaṁ yanti pabbatāni vanāni ca |
ārāmarukkhacetyāni, manussā bhayatajjitā || 188 ||

नेतं खो सरणं खेमं नेतं सरणमुत्तमं।
नेतं सरणमागम्म सब्बदुक्खा पमुच्चति॥१८९॥

Netaṁ kho saraṇaṁ khemaṁ, netaṁ saraṇam-uttamaṁ |
netaṁ saraṇam-āgamma sabbadukkhā pamuccati || 189 ||

यो च बुद्धञ्च धम्मञ्च सङ्घञ्च सरणं गतो।
चत्तारि अरियसच्चानि सम्मप्पञ्ञाय पस्सति॥१९०॥

Yo ca Buddhañ-ca Dhammañ-ca Saṅghañ-ca saraṇaṁ gato |
cattāri ariyasaccāni sammappaññāya passati || 190 ||

185. Não insultar, não prejudicar, praticar autorrestrição de acordo com o código da Ordem que conduz à libertação (*mokkha*), moderação na comida, viver em solidão, morando com diligência, e cultivar pensamentos elevados, este é o ensinamento dos Budas.

186, 187. Não há nenhuma satisfação para os sentidos (*kāma*), nem mesmo com uma chuva de dinheiro. O homem sábio (*paṇḍita*), sabendo que as delícias dos sentidos são um prazer passageiro e a causa da dor (*dukkha*), não encontra nenhuma alegria, nem nos prazeres celestiais. O verdadeiro discípulo dos Budas só se encanta na destruição dos desejos mundanos.

188. O homem, guiado pelo medo, escolhe muitos refúgios, nas montanhas, nas florestas, nos bosques, nos mangueirais e nos templos.

189. Mas estes não são os refúgios seguros. Porque tomando este tipo de refúgio a pessoa não se liberta do sofrimento.

190. Aquele que se refugia no Buda, em seu *Dhamma* e em sua comunidade (*saṅgha*) entende com verdadeira sabedoria as Quatro Nobres Verdades (*catu ariya sacca*).

दुक्खं दुक्खसमुप्पादं दुक्खस्स च अतिक्कमं।
अरियं चट्ठङ्गिकं मग्गं दुक्खूपसमगामिनं ॥१९१॥

Dukkhaṁ dukkhasamuppādaṁ dukkhassa ca atikkamaṁ |
Ariyaṁ caṭṭhaṅgikaṁ maggaṁ dukkhūpasamagāminaṁ || 191 ||

एतं खो सरणं खेमं एतं सरणमुत्तमं।
एतं सरणमागम्म सब्बदुक्खा पमुच्चति ॥१९२॥

Etaṁ kho saraṇaṁ khemaṁ etaṁ saraṇam-uttamaṁ |
etaṁ saraṇam-āgamma sabbadukkhā pamuccati || 192 ||

दुल्लभो पुरिसाजञ्ञो न सो सब्बत्थ जायति।
यत्थ सो जायति धीरो तं कुलं सुखमेधति ॥१९३॥

Dullabho purisājañño, na so sabbattha jāyati |
yattha so jāyati dhīro, taṁ kulaṁ sukham-edhati || 193 ||

सुखो बुद्धानमुप्पादो सुखा सद्धम्मदेसना।
सुखा सङ्घस्स सामग्गी समग्गानं तपो सुखो ॥१९४॥

Sukho Buddhānam-uppādo, sukhā Saddhammadesanā |
sukhā Saṅghassa sāmaggī samaggānaṁ tapo sukho || 194 ||

पूजारहे पूजयतो बुद्धे यदि व सावके।
पपञ्चसमतिक्कन्ते तिण्णसोकपरिद्दवे ॥१९५॥

Pūjārahe pūjayato Buddhe yadi va sāvake |
papañcasamatikkante tiṇṇasokapariddave || 195 ||

ते तादिसे पूजयतो निब्बुते अकुतोभये।
न सक्का पुञ्ञं सङ्खातुं इमेत्तमपि केनचि ॥१९६॥

te tādise pūjayato nibbute akutobhaye |
na sakkā puññaṁ saṅkhātuṁ, imettam-api kenaci || 196 ||

191. O sofrimento, a origem do sofrimento, a cessação do sofrimento e o Nobre Caminho das Oito Partes que leva à cessação do sofrimento.

192. Isto é verdadeiramente o seguro refúgio e o supremo refúgio. Depois de ter chegado a esse refúgio, o homem liberta-se do sofrimento.

193. Um iluminado (Buda) é raro de se encontrar. Ele não nasce em qualquer lugar. Onde quer que tenha nascido, a família prospera.

194. Feliz é o nascimento dos Budas. Feliz o ensinamento do *Dhamma*. Feliz a harmonia da comunidade dos monges. Feliz a devoção daqueles que vivem em irmandade.

195, 196. Aquele que presta homenagem aos que a merecem, seja aos Budas ou aos seus discípulos; aquele que superou os obstáculos das paixões e que atravessou a corrente das lágrimas e dos suspiros; aquele que presta homenagem a esses que se libertaram e não tem medo, ninguém pode imaginar quão grande é seu mérito.

***Sūtra* 185**

Há um evidente paralelismo entre estes códigos de moral e de ética e os cinco *yāma* e cinco *niyāma* definidos no *Sanātana Dharma*.

***Sūtras* 190-191**

As Quatro Nobres Verdades, ou a "lógica do vazio", como também é conhecida entre o *Buddhismo Mādhyamika*, conduzem à extinção do sofrimento. Estes são os quatro princípios: *Dukkha* (o sofrimento); *Samudaya* (a causa do sofrimento); *Nirodha* (a cessação do sofrimento); e *Magga* (o caminho que leva à cessação do sofrimento). E oito são os remédios para curar o mal do sofrimento: conhecimento transcendente ou visão correta; decisão correta; palavras justas; ações justas; meios justos de existência; esforço justo; vigilância justa constante; e concentração justa.

XV
A FELICIDADE

सुखवग्गो पन्नरसमो

Sukhavaggo Pannarasamo

सुसुखं वत जीवाम वेरिनेसु अवेरिनो ।
वेरिनेसु मनुस्सेसु विहराम अवेरिनो ॥१९७॥

Susukhaṁ vata jīvāma verinesu averino |
verinesu manussesu viharāma averino || 197 ||

सुसुखं वत जीवाम आतुरेसु अनातुरा ।
आतुरेसु मनुस्सेसु विहराम अनातुरा ॥१९८॥

Susukhaṁ vata jīvāma āturesu anāturā |
āturesu manussesu viharāma anāturā || 198 ||

सुसुखं वत जीवाम उस्सुकेसु अनुस्सुका ।
उस्सुकेसु मनस्सेसु विहराम अनुस्सुका ॥१९९॥

Susukhaṁ vata jīvāma ussukesu anussukā |
ussukesu manussesu viharāma anussukā || 199 ||

सुसुखं वत जीवाम येसं नो नत्थि किञ्चनं ।
पीतिभक्खा भविस्साम देवा आभस्सरा यथा ॥२००॥

Susukhaṁ vata jīvāma yesaṁ no natthi kiñcanaṁ |
pītibhakkhā bhavissāma devā Ābhassarā yathā || 200 ||

जयं वेरं पसवति दुक्खं सेति पराजितो ।
उपसन्तो सुखं सेति हित्वा जयपराजयं ॥२०१॥

Jayaṁ veraṁ pasavati dukkhaṁ seti parājito |
upasanto sukhaṁ seti hitvā jayaparājayaṁ || 201 ||

नत्थि रागसमो अग्गि नत्थि दोससमो कलि ।
नत्थि खन्धसमा दुक्खा, नत्थि सन्तिपरं सुखं ॥२०२॥

Natthi rāgasamo aggi, natthi dosasamo kali
natthi khandhasamā dukkhā, natthi santiparaṁ sukhaṁ || 202 ||

197. Somos verdadeiramente felizes (*susukha*) por vivermos livres do ódio (*verena*) entre aqueles que ainda odeiam. Entre os homens cheios de ódio, nós vivemos livres do ódio.

198. Somos verdadeiramente felizes por vivermos livres da doença entre aqueles que ainda adoecem (*ātura*). Entre os homens doentes, nós vivemos livres da doença.

199. Somos verdadeiramente felizes por vivermos livres de preocupações (*ussuka*) entre aqueles que se preocupam. Entre os homens preocupados, nós vivemos livres de preocupações.

200. Somos verdadeiramente felizes por vivermos sem nada termos. A alegria alimentar-nos-á como aos radiantes *Devas*.

201. A vitória (*jaya*) cria o ódio; enquanto o derrotado vive na miséria (*dukkha*), um homem em paz vive feliz, desprezando as ideias de vitória e de derrota (*parājeti*).

202. Não há fogo (*aggi*) como o desejo (e) não há fraqueza como a raiva. Não há sofrimento como a existência (e) não há maior felicidade do que a paz (*santi*).

जिघच्छा परमा रोगा सङ्खारपरमा दुखा।
एतं ञत्वा यथाभूतं निब्बानं परमं सुखं ॥२०३॥

Jighacchā paramā rogā, saṅkhāraparamā dukhā |
etaṁ ñatvā yathābhūtaṁ, Nibbānaṁ paramaṁ sukhaṁ || 203 ||

आरोग्यपरमा लाभा सन्तुट्ठिपरमं धनं।
विस्सा सपरमा ञाति निब्बानं परमं सुखं ॥२०४॥

Ārogyaparamā lābhā santuṭṭhi paramaṁ dhanaṁ |
vissāsā paramā ñāti, Nibbānaṁ paramaṁ sukhaṁ || 204 ||

पविवेकरसं पित्वा रसं उपसमस्स च।
निद्दरो होति निप्पापो धम्मपीतिरसं पिवं ॥२०५॥

Pavivekarasaṁ pitvā rasaṁ upasamassa ca |
niddaro hoti nippāpo, Dhammapītirasaṁ pivaṁ || 205 ||

साहु दस्सनमरियानं सन्निवासो सदा सुखो।
अदस्सनेन बालानं निच्चमेव सुखी सिया ॥२०६॥

Sāhu dassanam-ari yānaṁ sannivāso sadā sukho |
adassanena bālānaṁ niccam-eva sukhī siyā || 206 ||

203. A fome (*jighacchā*) é a suprema doença. A racionalidade é o supremo sofrimento. Quando alguém entende isso verdadeiramente, o *Nibbāna* torna-se a felicidade suprema.

204. A saúde (*ārogya*) é a maior das dádivas. O contentamento (*santuṭṭhi*) é a maior das riquezas. Um amigo confidente é a máxima relação. O *Nibbāna*, a felicidade suprema.

205. Depois de apreciar o gosto (*rasa*) pela solidão e pela paz, fica-se livre da angústia e do mal, e desfruta-se a felicidade do *Dhamma*.

206. É bom estar com os nobres (*Ariya*). Viver com eles sempre traz felicidade. Não encontrar ignorantes é ser sempre feliz.

बालसङ्गतचारी हि दीघमद्धान सोचति।
दुक्खो बालेहि संवासो अमित्तेनेव सब्बदा।
धीरो च सुखसंवासो ञातीनं व समागमो॥२०७॥

Bālasaṅgatacārī hi dīgham-addhāna socati |
dukkho bālehi saṁvāso amitteneva sabbadā |
dhīro ca sukhasaṁvāso ñātīnaṁ va samāgamo || 207 ||

तस्मा हि – धीरञ्च पञ्ञञ्च बहुस्सुतञ्च धोरय्हसीलं वतवन्तमरियं।
तं तादिसं सप्पुरिसं सुमेधं भजेथ नक्खत्तपथं व चन्दिमा॥२०८॥

Tasmā hi – dhīrañ-ca paññañ-ca bahussutañ-ca
dhorayhasīlaṁ vatavantam-ariyaṁ |
taṁ tādisaṁ sappurisaṁ sumedhaṁ bhajetha
nakkhattapathaṁ va candimā || 208 ||

207. Um homem que mantém contato com ignorantes sofrerá por muito tempo. É sempre doloroso viver com ignorantes, como com um inimigo, mas é bom viver com um homem sábio, como conviver com a família.

208. Portanto, se ele for um homem inteligente e arguto, educado e de boa moral, devoto e nobre, uma pessoa deveria manter a companhia com esse justo e sábio homem, do mesmo modo que a lua percorre o caminho entre as estrelas.

Sūtra 200

Este verso foi proferido por Buda quando regressava de um peditório em que não recebeu nenhuma esmola e foi atacado por *Māra*. É interessante saber que seu insucesso com a coleta de esmolas, assim como os sofrimentos que acometeram Buda antes do seu Despertar, diz-se serem o resultado do seu *karma* acumulado antes de se tornar um Buddha.

Sūtra 202

Um dos cinco *skandhas* da personalidade.

Sūtra 206

Ariya é utilizado no sentido de "nobre espírito", "alma evoluída" ou até de "bem-aventurado", e não com o significado de "ariano" ou indo-europeu.

XVI
O AFETO

पियवग्गो सोळसमो

Piyavaggo Soḷasamo

अयोगे युञ्जमत्तानं योगस्मिञ्च अयोजयं।
अत्थं हित्वा पियग्गाही पिहेतत्तानुयोगिनं॥२०९॥

Ayoge yuñjam-attānaṁ yogasmiñ-ca ayojayaṁ |
atthaṁ hitvā piyaggāhī pihetattānuyoginaṁ || 209 ||

मा पियेहि समागञ्छि अप्पियेहि कुदाचनं।
पियानं अदस्सनं दुक्खं अप्पियानञ्च दस्सनं॥२१०॥

Mā piyehi samāgañchi appiyehi kudācanaṁ |
piyānaṁ adassanaṁ dukkhaṁ appiyānañ-ca dassanaṁ || 210 ||

तस्मा पियं न कयि राथ पियापायो हि पापको।
गन्था तेसं न विज्जन्ति येसं नत्थि पियाप्पियं॥२११॥

Tasmā piyaṁ na kayi rātha piyāpāyo hi pāpako |
Ganthā tesaṁ na vijjanti yesaṁ natthi piyāppiyaṁ || 211 ||

पियतो जायती सोको पियतो जायती भयं।
पियतो विप्पमुत्तस्स नत्थि सोको कुतो भयं॥२१२॥

Piyato jāyatī soko piyato jāyatī bhayaṁ |
piyato vippamuttassa natthi soko, kuto bhayaṁ || 212 ||

पेमतो जायती सोको पेमतो जायती भयं।
पेमतो विप्पमुत्तस्स नत्थि सोको कुतो भयं॥२१३॥

Pemato jāyatī soko pemato jāyatī bhayaṁ |
pemato vippamuttassa natthi soko, kuto bhayaṁ || 213 ||

रतिया जायती सोको रतिया जायती भयं।
रतिया विप्पमुत्तस्स नत्थि सोको कुतो भयं॥२१४॥

Ratiyā jāyatī soko ratiyā jāyatī bhayaṁ |
ratiyā vippamuttassa natthi soko kuto bhayaṁ || 214 ||

209. Aquele que se entrega a assuntos sem interesse, e que não segue o seu próprio caminho, esse pode bem invejar o homem que se aplica a si mesmo.

210. Não te sintas atraído por aquilo que é agradável ou desagradável. Abstermo-nos daquilo que gostamos é doloroso, assim como daquilo de que não gostamos.

211. Portanto, não te deixes atrair por nada. Perder aquilo de que gostamos é doloroso, mas para aquele que não tem elos, não há prazer nem dor.

212. Do prazer emerge a tristeza (*soka*), do prazer emerge o medo (*bhaya*), mas para aquele que está livre do prazer não há tristeza alguma nem medo. Por que ter medo?

213. Do afeto (*pema*) emerge a tristeza, do prazer emerge o medo, mas para aquele que está livre do afeto não há tristeza. Por que ter medo?

214. Do apego (*rati*) emerge a tristeza, da atração emerge o medo, mas para aquele que está livre da atração não há tristeza. Por que ter medo?

कामतो जायती सोको कामतो जायती भयं।
कामतो विप्पमुत्तस्स नत्थि सोको कुतो भयं॥२१५॥

Kāmato jāyatī soko, kāmato jāyatī bhayaṁ |
kāmato vippamuttassa natthi soko, kuto bhayaṁ || 215 ||

तण्हाय जायती सोको तण्हाय जायती भयं।
तण्हाय विप्पमुत्तस्स नत्थि सोको कुतो भयं॥२१६॥

Taṇhāya jāyatī soko, taṇhāya jāyatī bhayaṁ |
taṇhāya vippamuttassa natthi soko, kuto bhayaṁ || 216 ||

सीलदस्सनसम्पन्नं धम्मट्ठं सच्चवेदिनं।
अत्तनो कम्म कुब्बानं तं जनो कुरुते पियं॥२१७॥

Sīladassanasampannaṁ, dhammaṭṭhaṁ saccavedinaṁ |
attano kamma kubbānaṁ, taṁ jano kurute piyaṁ || 217 ||

छन्दजातो अनक्खाते मनसा च फुटो सिया।
कामेसु च अप्पटिबद्धचित्तो उद्धंसोतो ति वुच्चति॥२१८॥

Chandajāto anakkhāte manasā ca phuṭo siyā |
kāmesu ca appaṭibaddhacitto uddhaṁsoto ti vuccati || 218 ||

चिरप्पवासिं पुरिसं दूरतो सोत्थिमागतं।
ञातिमित्ता सुहज्जा च अभिनन्दन्ति आगतं॥२१९॥

Cirappavāsiṁ purisaṁ dūrato sotthim-āgataṁ |
ñātimittā suhajjā ca abhinandanti āgataṁ || 219 ||

तथेव कतपुञ्ञम्पि अस्मा लोका परं गतं।
पुञ्ञानि पटिगण्हन्ति पियं ञातीव आगतं॥२२०॥

Tatheva katapuññam-pi asmā lokā paraṁ gataṁ |
puññāni paṭigaṇhanti piyaṁ ñātīva āgataṁ || 220 ||

215. Do desejo (*kāma*) emerge a tristeza, do desejo emerge o medo, mas para aquele que está livre do desejo não há tristeza. Por que ter medo?

216. Da ambição (*taṇhā*) emerge a tristeza, da ambição emerge o medo, mas para aquele que está livre da ambição não há tristeza. Por que ter medo?

217. Aquele que é virtuoso e espiritual, que está bem fundamentado no *Dhamma*, que é verdadeiro e cumpridor dos seus deveres, a esse as pessoas querem bem.

218. Aquele que desenvolveu uma saudade pelo *Nibbāna*, aquele cuja mente está imbuída por esta saudade, aquele cujos pensamentos não estão ligados aos desejos dos sentidos, este tipo de pessoa é chamado "aquele que está ligado à corrente suprema".

219. Quando um homem que se ausentou por muito tempo regressa à casa são e salvo, seu chefe de família, seus amigos e aqueles que lhe desejam bem dão-lhe as boas-vindas.

220. Quando um homem parte deste mundo para o outro, os efeitos de suas boas ações recebem-no alegremente, como um chefe de família recebe um amigo em seu regresso à casa.

XVII
A RAIVA

कोधवग्गो सत्तरसमो

Kodhavaggo Sattarasamo

कोधं जहे विप्पजहेय्य मानं संयोजनं सब्बमतिक्कमेय्य।
तं नामरूपस्मिमसज्जमानं अकिञ्चनं नानुपतन्ति दुक्खा॥२२१॥

Kodhaṁ jahe vippajaheyya mānaṁ saṁyojanaṁ sabbam-atikkameyya |
taṁ nāmarūpasmiṁ asajjamānaṁ akiñcanaṁ nānupatanti dukkhā || 221 ||

यो वे उप्पतितं कोधं रथं भन्तं व धारये।
तमहं सारथिं ब्रूमि रस्मिग्गाहो इतरो जनो॥२२२॥

Yo ve uppatitaṁ kodhaṁ rathaṁ bhantaṁ va dhāraye |
tam-ahaṁ sārathiṁ brūmi rasmiggāho itaro jano || 222 ||

अक्कोधेन जिने कोधं असाधुं साधुना जिनि।
जिने कदरि यं दानेन सच्चेनालिकवादिनं॥२२३॥

Akkodhena jine kodhaṁ, asādhuṁ sādhunā jine |
jine kadari yaṁ dānena, saccenālikavādinaṁ || 223 ||

सच्चं भणे न कुज्झेय्य दज्जाप्पस्मिम्पि याचितो।
एतेहि तीहि ठानेहि गच्छे देवान सन्तिके॥२२४॥

Saccaṁ bhaṇe na kujjheyya dajjāppasmim-pi yācito |
etehi tīhi ṭhānehi gacche devāna santike || 224 ||

अहिंसका ये मुनयो निच्चं कायेन संवुता।
ते यन्ति अच्चुतं ठानं यत्थ गन्त्वा न सोचरे॥२२५॥

Ahiṁsakā ye munayo niccaṁ kāyena saṁvutā |
te yanti accutaṁ ṭhānaṁ, yattha gantvā na socare || 225 ||

सदा जागरमानानं अहोरत्तानुसिक्खिनं।
निब्बानं अधिमुत्तानं अत्थं गच्छन्ति आसवा॥२२६॥

Sadā jāgaramānānaṁ ahorattānusikkhinaṁ |
Nibbānaṁ adhimuttānaṁ atthaṁ gacchanti āsavā || 226 ||

221. Abandona a raiva (*kodha*) e o orgulho (*māna*), e ultrapassa os obstáculos. O sofrimento nunca abandona aquele que não se desapega da racionalidade, nem do corpo (*rūpa*) e nem da paixão.

222. Aquele que controla sua raiva crescente, como um bom condutor refreia seu carro, a esse chamo um verdadeiro condutor, os outros não passam de *pegadores* de rédeas.

223. Vence a raiva sem raiva. Vence o mal com o bem. Que ele vença a ganância com a generosidade e a mentira com a verdade.

224. Fala a verdade, não te zangues e sê generoso, mesmo que seja pouco, quando te pedirem. Com essas três virtudes tu podes te aproximar dos *Devas*.

225. Esses sábios (*muni*) que praticam *Ahiṁsā*, que têm controle sobre o corpo, atingem o *Nibbāna*. Depois de lá estarem, já não sofrem.

226. A corrente das paixões desaparece naqueles que estão sempre vigilantes, que se encontram absorvidos dia e noite em práticas espirituais e que estão empenhados no *Nibbāna*.

पोराणमेतं अतुल नेतं अज्जतनामिव।
निन्दन्ति तुण्हिमासीनं निन्दन्ति बहुभाणिनं।
मितभाणिम्पि निन्दन्ति नत्थि लोके अनिन्दितो ॥२२७॥

Porāṇam-etaṁ Atula netaṁ ajjatanām-iva |
nindanti tuṇhim-āsīnaṁ nindanti bahubhāṇinaṁ |
mitabhāṇim-pi nindanti natthi loke anindito || 227 ||

न चाहु न च भविस्सति न चेतरहि विज्जति।
एकन्तं निन्दितो पोसो एकन्तं वा पसंसितो ॥२२८॥

Na cāhu na ca bhavissati, na cetarahi vijjati |
ekantaṁ nindito poso, ekantaṁ vā pasaṁsito || 228 ||

यं चे विञ्ञू पसंसन्ति अनुविच्च सुवे सुवे।
अच्छिद्दवुत्तिं मेधाविं पञ्ञासीलसमाहितं ॥२२९॥

Yañ-ce viññū pasaṁsanti, anuvicca suve suve |
acchiddavuttiṁ medhāviṁ paññāsīlasamāhitaṁ || 229 ||

निक्खं जम्बोनदस्सेव को तं निन्दितुमरहति।
देवा पि नं पसंसन्ति ब्रह्मुना पि पसंसितो ॥२३०॥

Nekkhaṁ jambonadasseva ko taṁ ninditum-arahati |
Devā pi naṁ pasaṁsanti Brahmunā pi pasaṁsito || 230 ||

कायप्पकोपं रक्खेय्य कायेन संवुतो सिया।
कायदुच्चरितं हित्वा कायेन सुचरितं चरे ॥२३१॥

Kāyappakopaṁ rakkheyya kāyena saṁvuto siyā |
kāyaduccaritaṁ hitvā, kāyena sucaritaṁ care || 231 ||

227. É um velho adágio *Atula*, não de hoje: "Acusam aquele que está em silêncio, acusam aquele que fala demais, acusam até aquele que fala moderadamente.". Não há ninguém neste mundo que não seja acusado.

228. Nunca houve, nunca haverá, nem há ninguém unicamente criticado ou unicamente elogiado.

229. Sê uma pessoa ajuizada, dia após dia de observação, elogia alguém de comportamento incensurável, dotado de sabedoria (*medhāvi*), moral e mentalmente firme.

230. Quem se atreve a censurar tal pessoa que é como o ouro puro? Até os *Devas* o elogiam. Até *Brahmā* o elogia.

231. Guarda-te das inquietações do corpo. Tem controle no corpo. Não pratiques más ações (e) leva a uma vida de bem-estar físico.

वचीपकोपं रक्खेय्य वाचाय संवुतो सिया।
वचीदुच्चरितं हित्वा वाचाय सुचरितं चरे ॥२३२॥

Vacīpakopaṁ rakkheyya, vācāya saṁvuto siyā |
vacīduccaritaṁ hitvā, vācāya sucaritaṁ care || 232 ||

मनोपकोपं रक्खेय्य मनसा संवुतो सिया।
मनोदुच्चरितं हित्वा मनसा सुचरितं चरे ॥२३३॥

Manopakopaṁ rakkheyya manasā saṁvuto siyā |
manoduccaritaṁ hitvā, manasā sucaritaṁ care || 233 ||

कायेन संवुता धीरा, अथो वाचाय संवुता।
मनसा संवुता धीरा ते वे सुपरिसंवुता ॥२३४॥

Kāyena saṁvutā dhīrā atho vācāya saṁvutā |
manasā saṁvutā dhīrā, te ve suparisaṁvutā || 234 ||

232. Guarda-te das palavras irreverentes. Tem controle nas palavras. Não profiras ofensas (e) leva a uma vida de boas palavras.

233. Guarda-te dos maus pensamentos. Tem controle em tua mente. Não tenhas maus pensamentos (e) leva uma vida de bem-estar mental.

234. Os sábios (*dhīra*) que têm o corpo, a palavra e a mente controlados, esses sábios que têm a mente controlada dominam verdadeiramente o autocontrole.

***Sūtra* 225**

Ahiṁsā: não violência.

***Sūtra* 227**

Atula é um antropônimo, cujo significado se aplica igualmente ao próprio adágio, significando "sem igual".

***Sūtra* 232**

As ofensas ou "palavras irreverentes" são de quatro tipos: falsidade (*asacca*), difamação (*pesuñña*), palavras obscenas (*duṭṭhulla*) e intrigas (*jappanā*).

***Sūtra* 233**

Os "maus pensamentos" são de três tipos: cobiça (*giddhi*), malevolência (*vyāpāda*) e visão errada.

XVIII
A IMPUREZA

मलवग्गो अट्ठारसमो

Malavaggo Aṭṭhārasamo

पण्डुपलासो व दानिसि यमपुरिसा पि च तं उपट्ठिता।
उय्योगमुखे च तिट्ठसि पाथेय्यम्पि च ते न विज्जति॥२३५॥

Paṇḍupalāso va dānisi Yamapurisā pi ca taṁ upaṭṭhitā |
uyyogamukhe ca tiṭṭhasi pātheyyam-pi ca te na vijjati || 235 ||

सो करोहि दीपमत्तनो खिप्पं वायम पण्डितो भव।
निद्धन्तमलो अनङ्गणो दिब्बं अरियभूमिमेहिसि॥२३६॥

So karohi dīpam-attano khippaṁ vāyama paṇḍito bhava |
niddhantamalo anaṅgaṇo dibbaṁ ariyabhūmim-ehisi || 236 ||

उपनीतवयो च दानिसि सम्पयातोसि यमस्स सन्तिके।
वासो पि च ते नत्थि अन्तरा पाथेय्यम्पि च ते न विज्जति॥२३७॥

Upanītavayo ca dānisi sampayātosi Yamassa santike |
vāso pi ca te natthi antarā pātheyyam-pi ca te na vijjati || 237 ||

सो करोहि दीपमत्तनो खिप्पं वायम पण्डितो भव।
निद्धन्तमलो अनङ्गणो न पुनं जातिजरं उपेहिसि॥२३८॥

So karohi dīpam-attano khippaṁ vāyama paṇḍito bhava |
niddhantamalo anaṅgaṇo na punaṁ jātijaraṁ upehisi || 238 ||

अनुपुब्बेन मेधावी थोकं थोकं खणे खणे।
कम्मारो रजतस्सेव निद्धमे मलमत्तनो॥२३९॥

Anupubbena medhāvī thokaṁ thokaṁ khaṇe khaṇe |
kammāro rajatasseva, niddhame malam-attano || 239 ||

अयसा व मलं समुट्ठितं तदुट्ठाय तमेव खादति।
एवं अतिधोनचारिनं सककम्मानि नयन्ति दुग्गतिं॥२४०॥

Ayasā va malaṁ samuṭṭhitaṁ taduṭṭhāya tam-eva khādati |
evaṁ atidhonacārinaṁ sakakammāni nayanti duggatiṁ || 240 ||

235. Tu és como uma folha seca. Até os mensageiros da morte (*Yama*) estão junto de ti. Encontras-te perto de tua partida, sem provisões para tua viagem.

236. Faz de ti uma ilha (*dīpa*), esforça-te sem demora e sê sábio (*paṇḍita*). Purifica-te das impurezas (*mala*), sem mácula, (e) entrarás na morada dos *Ariyas*.

237. Tua vida chegou agora ao fim. Encontras-te na presença da morte (*Yama*). Não há parada neste caminho, nem provisões tu tens para esta viagem.

238. Faz de ti uma ilha, esforça-te sem demora e sê sábio. Purifica-te das impurezas (*mala*) e, sem mácula, não nascerás de novo, nem envelhecerás.

239. Pouco a pouco, a cada passo, o sábio (*medhāvī*) deveria se purificar de suas imperfeições como um ferreiro (*kammāra*) faz com a prata (*rajata*).

240. Assim como a ferrugem aparece no ferro, dele procede e o corrói, assim é aquele de comportamento desenfreado levado ao inferno pelas próprias ações.

असज्झायमला मन्ता अनुट्ठानमला घरा।
मलं वण्णस्स कोसज्जं पमादो रक्खतो मलं ॥२४१॥

Asajjhāyamalā mantā, anuṭṭhānamalā gharā |
malaṁ vaṇṇassa kosajjaṁ, pamādo rakkhato malaṁ || 241 ||

मलित्थिया दुच्चरितं मच्छेरं ददतो मलं।
मला वे पापका धम्मा अस्मिं लोके परम्हि च ॥२४२॥

Malitthiyā duccaritaṁ, maccheraṁ dadato malaṁ |
malā ve pāpakā dhammā asmiṁ loke paramhi ca || 242 ||

ततो मला मलतरं अविज्जा परमं मलं।
एतं मलं पहन्त्वान निम्मला होथ भिक्खवो ॥२४३॥

Tato malā malataraṁ avijjā paramaṁ malaṁ |
etaṁ malaṁ pahatvāna, nimmalā hotha, bhikkhavo || 243 ||

सुजीवं अहिरिकेन काकसूरेन धंसिना।
पक्खन्दिना पगब्भेन संकिलिट्ठेन जीवितं ॥२४४॥

Sujīvaṁ ahirikena, kākasūrena dhaṁsinā |
pakkhandinā pagabbhena saṁkiliṭṭhena jīvitaṁ || 244 ||

हिरीमता च दुज्जीवं निच्चं सुचिगवेसिना।
अलीनेनाप्पगब्भेन सुद्धाजीवेन पस्सता ॥२४५॥

Hirīmatā ca dujjīvaṁ niccaṁ sucigavesinā |
alīnenāpagabbhena suddhājīvena passatā || 245 ||

241. A falta de recitação (*sajjhāyati*) é o entorpecimento da *mantā* (conhecimento). A falta de cuidado é a ruína dos edifícios (*ghara*). A degradação da beleza é a preguiça. E a negligência é o desleixo da vigilância.

242. Uma vida impura é a desgraça de uma mulher. A avareza é a mancha do benfeitor. As impurezas são, na verdade, coisas más neste mundo e no outro.

243. Mas a maior impureza de todas é a ignorância. Livrai-vos, pois, *Bhikkhus*, desta imperfeição e sereis livres de todas as impurezas.

244. A vida é fácil para aquele que é despudorado (*ahirika*), que é descarado como um corvo, difamador, fanfarrão, arrogante, e que vive de forma impura.

245. (Mas) a vida é difícil para aquele que é modesto, que procura sempre o que é puro, desinteressado pelas coisas do mundo, humilde, que vive puro e é perspicaz.

यो पाणमतिपातेति मुसावादञ्च भासति।
लोके अदिन्नमादियति परदारञ्च गच्छति ॥२४६॥

Yo pāṇam-atipāteti musāvādañ-ca bhāsati |
loke adinnaṁ ādiyati paradārañ-ca gacchati || 246 ||

सुरामेरयपानञ्च यो नरो अनुयुञ्जति।
इधेवमेसो लोकस्मिं मूलं खणति अत्तनो ॥२४७॥

surāmerayapānañ-ca yo naro anuyuñjati |
idhevam-eso lokasmiṁ mūlaṁ khaṇati attano || 247 ||

एवं भो पुरिस जानाहि पापधम्मा असञ्ञता।
मा तं लोभो अधम्मो च चिरं दुक्खाय रन्धयुं ॥२४८॥

Evaṁ bho purisa jānāhi pāpadhammā asaññatā |
mā taṁ lobho adhammo ca ciraṁ dukkhāya randhayuṁ || 248 ||

ददाति वे यथासद्धं यथापसादनं जनो।
तत्थ यो मङ्कु भवति परेसं पानभोजने।
न सो दिवा वा रत्तिं वा समाधिमधिगच्छति ॥२४९॥

Dadāti ve yathāsaddhaṁ yathāpasādanaṁ jano |
tattha yo maṅku bhavati paresaṁ pānabhojane |
na so divā vā rattiṁ vā, samādhiṁ adhigacchati || 249 ||

यस्स चेतं समुच्छिन्नं मूलघच्चं समूहतं।
स वे दिवा वा रत्तिं वा समाधिमधिगच्छति ॥२५०॥

Yassa cetaṁ samucchinnaṁ mūlaghaccaṁ samūhataṁ |
sa ve divā vā rattiṁ vā samādhimadhigacchati || 250 ||

246, 247. Aquele que destrói a vida, que mente, que rouba o que não lhe pertence, que comete adultério, que se deleita com bebidas alcoólicas, este tipo de homem desenraiza-se neste mundo.

248. Entende isto, Ó homem! – "aqueles de má natureza são desenfreados". Não deixes a ganância e as más ações levarem-te à grande miséria.

249. As pessoas dão de acordo com sua fé e disposição. Mas aquele que se lamenta sobre a comida e a bebida dada aos outros não tem uma mente calma na meditação (*samādhi*) de dia ou de noite.

250. Aquele no qual esse sentimento foi totalmente desenraizado é destruído, tem uma mente calma na meditação, de dia ou de noite.

नत्थि रागसमो अग्गि नत्थि दोससमो गहो।
नत्थि मोहसमं जालं नत्थि तण्हासमा नदी ॥२५१॥

Natthi rāgasamo aggi natthi dosasamo gaho |
natthi mohasamaṁ jālaṁ natthi taṇhāsamā nadī || 251 ||

सुदस्सं वज्जमञ्ञेसं अत्तनो पन दुद्दसं।
परेसं हि सो वज्जानि ओपुनाति यथा भुसं।
अत्तनो पन छादेति कलिं व कितवा सठो ॥२५२॥

Sudassaṁ vajjam-aññesaṁ, attano pana duddasaṁ |
paresaṁ hi so vajjāni opuṇāti yathā bhusaṁ |
attano pana chādeti kaliṁ va kitavā saṭho || 252 ||

परवज्जानुपस्सिस्स निच्चं उज्झानसञ्ञिनो।
आसवा तस्स वड्ढन्ति आरा सो आसवक्खया ॥२५३॥

Paravajjānupassissa niccaṁ ujjhānasaññino |
āsavā tassa vaḍḍhanti, ārā so āsavakkhayā || 253 ||

आकासे व पदं नत्थि समणो नत्थि बाहिरे।
पपञ्चाभिरता पजा निप्पपञ्चा तथागता ॥२५४॥

Ākāse va padaṁ natthi samaṇo natthi bāhire |
papañcābhiratā pajā nippapañcā Tathāgatā || 254 ||

आकासे व पदं नत्थि समणो नत्थि बाहिरे।
सङ्खारा सस्सता नत्थि नत्थि बुद्धानमिञ्जितं ॥२५५॥

Ākāse va padaṁ natthi samaṇo natthi bāhire |
saṅkhārā sassatā natthi, natthi Buddhānam-iñjitaṁ || 255 ||

251. Não há fogo como a paixão. Não há aperto como o ódio. Não há nó como o engano. Não há corrente como a sede.

252. Os erros dos outros são facilmente vistos, mas nossos próprios erros são dificilmente detectados. Uma pessoa peneira os erros dos outros como se fosse palha, mas esconde os próprios como uma flor cobre seu corpo com pétalas e folhas.

253. Se um homem só repara nos erros dos outros e os ofende, seu desejo pelos prazeres dos sentidos aumenta e ele não consegue afastá-los.

254. Não há um caminho no céu (*ākāsa*) nem um asceta (*samaṇa*) lá fora. Os homens comprazem-se com os problemas, (mas) os *Tathāgatā* estão livres dos obstáculos.

255. Não há um caminho no céu nem um asceta lá fora. Não há condições que sejam eternas, (mas) não existe instabilidade nos Budas.

***Sūtra* 240**
O termo "ferrugem" (*malam*) é utilizado metaforicamente para significar todo tipo de impureza, imperfeição ou decadência, como em: entorpecimento, ruína, degradação, desleixo, desgraça ou mancha.

***Sūtra* 241**
Mantā (sâns. *mantra*) é um texto sagrado pronunciado de forma repetitiva.

***Sūtra* 249**
Samādhi é o segundo membro do treino búdico que conduz a *prajñā*, o conhecimento transcendente. Etimologicamente, *samādhi* tem paralelo no termo grego *súnthesis*, síntese, de onde se forma o sentido de compor algo, ou sintetizar em um sentido centrípeto, oposto ao movimento centrífugo do profano extrovertido, disperso.

***Sūtra* 254**
Tathāgata são todos aqueles que se libertaram, os Budas.

XIX
O JUSTO

धम्मट्ठवग्गो एकूनवीसतिमो

Dhammaṭṭhavaggo Ekūnavīsatimo

न तेन होति धम्मट्ठो येनत्थं सहसा नये।
यो च अत्थं अनत्थञ्च उभो निच्छेय्य पण्डितो॥२५६॥

Na tena hoti Dhammaṭṭho yenatthaṁ sahasā naye |
yo ca atthaṁ anatthañ-ca ubho niccheyya paṇḍito || 256 ||

असाहसेन धम्मेन समेन नयती परे।
धम्मस्स गुत्तो मेधावी धम्मट्ठो ति पवुच्चति॥२५७॥

Asāhasena dhammena samena nayatī pare |
Dhammassa gutto medhāvī, Dhammaṭṭho ti pavuccati || 257 ||

न तेन पण्डितो होति यावता बहु भासति।
खेमी अवेरी अभयो पण्डितो ति पवुच्चचति॥२५८॥

Na tena paṇḍito hoti yāvatā bahu bhāsati |
khemī averī abhayo, paṇḍito ti pavuccati || 258 ||

न तावता धम्मधरो यावता बहु भासति।
यो च अप्पम्पि सुत्वान धम्मं कायेन पस्सति।
स वे धम्मधरो होति यो धम्मं नप्पमज्जति॥२५९॥

Na tāvatā Dhammadharo yāvatā bahu bhāsati |
yo ca appam-pi sutvāna Dhammaṁ kāyena passati |
sa ve Dhammadharo hoti yo Dhammaṁ nappamajjati || 259 ||

न तेन थेरो होति येनस्स पलितं सिरो।
परिपक्को वयो तस्स मोघजिण्णो ति वुच्चति॥२६०॥

Na tena thero hoti yenassa palitaṁ siro |
paripakko vayo tassa moghajiṇṇo ti vuccati || 260 ||

256. Aquele que arbitra uma disputa pela força não se torna um justo. Mas o homem sábio (*paṇḍita*) é aquele que cuidadosamente descrimina entre o verdadeiro e o falso.

257. Aquele que orienta os outros sem engano (*asāhasa*), com justiça (*dhamma*) e moderação (*samena*), é verdadeiramente o guardião da justiça, é inteligente (*medhāvī*) e justo.

258. Não é sábio apenas aquele que fala bem. Aquele que é calmo, livre do ódio e do medo é também chamado um homem sábio.

259. Não é defensor do *Dhamma* apenas aquele que fala bem. Mas aquele que presta um pouco de atenção ao *Dhamma*, percebe sua essência com esforço diligente e não o negligencia, esse é em verdade um apoiante do *Dhamma*.

260. Não é ancião (*thera*) unicamente aquele que tem o cabelo cinzento. É claro que pode ser maduro com a idade, mas é uma pessoa que "envelheceu em vão".

यम्हि सच्चञ्च धम्मो च अहिंसा संयमो दमो।
स वे वन्तमलो धीरो थेरो इति पवुच्चति ॥२६१॥

Yamhi saccañ-ca Dhammo ca ahiṁsā saṁyamo damo |
sa ve vantamalo dhīro thero iti pavuccati || 261 ||

न वाक्करणमत्तेन वण्णपोक्खरताय वा।
साधुरूपो नरो होति इस्सुकी मच्छरी सठो ॥२६२॥

Na vākkaraṇamattena vaṇṇapokkharatāya vā |
sādhurūpo naro hoti, issukī maccharī saṭho || 262 ||

यस्स चेतं समुच्छिन्नं मूलघच्चं समूहतं।
स वन्तदोसो मेधावी साधुरूपो ति वुच्चति ॥२६३॥

Yassa cetaṁ samucchinnaṁ mūlaghaccaṁ samūhataṁ |
sa vantadoso medhāvī sādhurūpo ti vuccati || 263 ||

न मुण्डकेन समणो अब्बतो अलिकं भणं।
इच्छालोभसमापन्नो समणो किं भविस्सति ॥२६४॥

Na muṇḍakena samaṇo, abbato alikaṁ bhaṇaṁ |
icchālobhasamāpanno, samaṇo kiṁ bhavissati || 264 ||

यो च समेति पापानि अणुं थूलानि सब्बसो।
समितत्ता हि पापानं समणो ति पवुच्चति ॥२६५॥

Yo ca sameti pāpāni, aṇuṁ-thūlāni sabbaso |
samitattā hi pāpānaṁ samaṇo ti pavuccati || 265 ||

न तेन भिक्खु सो होति यावता भिक्खते परे।
विस्सं धम्मं समादाय भिक्खु होति न तावता ॥२६६॥

Na tena bhikkhu so hoti yāvatā bhikkhate pare |
vissaṁ Dhammaṁ samādāya bhikkhu hoti na tāvatā || 266 ||

261. Aquele no qual habita a verdade (*sacca*), a justiça, a não violência (*ahiṃsā*), o autocontrole e a moderação, este sábio monge que afastou as imperfeições é em verdade chamado um ancião.

262. Não é pela boa eloquência nem pelo bom aspecto que um homem que é invejoso, egoísta e ardiloso se torna um arauto de respeito.

263. Mas aquele em que esses males foram desenraizados e extintos, que desistiu do ódio e que é um sábio, em verdade ele é chamado um arauto de respeito.

264. Não é pela tonsura (*muṇḍaka*) que aquele que é indisciplinado e diz mentiras se transforma em um monge. Como pode aquele que foi tomado pelo desejo e pela ganância tornar-se um monge?

265. Mas aquele que pôs de lado todas as más ações, pequenas ou grandes, é chamado um verdadeiro monge (*samaṇa*), porque ele afastou todas as más ações.

266. Não se é um religioso mendicante porque se pede esmola aos outros. Não se é um *Bhikkhu* somente porque se observa formalmente o *Dhamma*.

योध पुञ्ञञ्च पापञ्च बाहेत्वा ब्रह्मचरियवा।
सङ्खाय लोके चरति स वे भिक्खू ति वुच्चति॥२६७॥

Yodha puññañ-ca pāpañ-ca bāhetvā brahmacariyavā |
saṅkhāya loke carati sa ce, bhikkhū ti vuccati || 267 ||

न मोनेन मुनी होति मूळ्हरूपो अविद्दसु।
यो च तुलं व पग्गय्ह वरमादाय पण्डितो॥२६८॥

Na monena munī hoti mūḷharūpo aviddasu |
yo ca tulaṁ va paggayha, varam-ādāya paṇḍito || 268 ||

पापानि परिवज्जेति स मुनी तेन सो मुनि।
यो मुनाति उभो लोके मुनि तेन पवुच्चति॥२६९॥

Pāpāni parivajjeti sa munī tena so muni |
yo munāti ubho loke muni tena pavuccati || 269 ||

न तेन अरियो होति येन पाणानि हिंसति।
अहिंसा सब्बपाणानं अरियो ति पवुच्चति॥२७०॥

Na tena ariyo hoti yena pāṇāni hiṁsati |
ahiṁsā sabbapāṇānaṁ ariyo ti pavuccati || 270 ||

न सीलब्बतमत्तेन बाहुसच्चेन वा पन।
अथ वा समाधिलाभेन विवित्तसयनेन वा॥२७१॥

Na sīlabbatamattena bāhusaccena vā pana |
atha vā samādhilābhena vivittasayanena vā || 271 ||

फुसामि नेक्खम्मसुखं अपुथुज्जनसेवितं।
भिक्खु विस्सासमापादि अप्पत्तो आसवक्खयं॥२७२॥

phusāmi nekkhammasukhaṁ aputhujjanasevitaṁ |
bhikkhu vissāsamāpādi appatto āsavakkhayaṁ || 272 ||

267. Mas aquele que rejeitou o bem e o mal, que tem uma vida pura e vive no mundo em perfeita harmonia com a verdade, em verdade ele é chamado um *Bhikkhu*.

268, 269. Não é pelo silêncio que alguém, sendo louco e ignorante, se faz sábio (*muni*). Mas aquele que, usando os pratos de uma balança, escolhe o bem e evita o mal, ele é um sábio. Isso faz dele verdadeiramente um sábio. Aquele que entende o bem e o mal, tal como realmente são, é chamado um verdadeiro sábio.

270. Aquele que injuria os seres vivos não é um *Ariya* (nobre). Pela não violência para com todos os seres vivos uma pessoa torna-se um *Ariya*.

271, 272. Não é apenas por meio da moralidade e da autodisciplina, nem pela aprendizagem, nem mesmo pelo *samādhi*, ou até pela reclusão, que eu atinjo a alegria da liberdade, que não é atingível por um vulgar mortal. Um *Bhikkhu* não descansa enquanto não extingue todos os desejos.

Comentário

***Sūtra* 256**

O termo "justo" (*dhammika*) é tomado aqui no sentido daquele que segue o *Dhamma*.

XX
O CAMINHO

मग्गवग्गो वीसतिमो

Maggavaggo Vīsatimo

मग्गानट्ठङ्गिको सेट्ठो सच्चानं चतुरो पदा।
विरागो सेट्ठो धम्मानं द्विपदानञ्च चक्खुमा ॥२७३॥

Maggānaṭṭhaṅgiko seṭṭho saccānaṁ caturo padā |
virāgo seṭṭho dhammānaṁ dipadānañ-ca Cakkhumā || 273 ||

एसो व मग्गो नत्थञ्ञो दस्सनस्स विसुद्धिया।
एतञ्हि तुम्हे पटिपज्जथ मारस्सेतं पमोहनं ॥२७४॥

Eso va maggo natthañño dassanassa visuddhiyā |
Etañhi tumhe paṭipajjatha Mārassetaṁ pamohanaṁ || 274 ||

एतञ्हि तुम्हे पटिपन्ना दुक्खस्सन्तं करिस्सथ।
अक्खातो वे मया मग्गो अञ्ञाय सल्लसन्थनं ॥२७५॥

Etañhi tumhe paṭipannā dukkhassantaṁ karissatha |
akkhāto ve mayā maggo aññāya sallasanthanaṁ || 275 ||

तुम्हेहि किच्चमातप्पं अक्खातारो तथागता।
पटिपन्ना पमोक्खन्ति झायिनो मारबन्धना ॥२७६॥

Tumhehi kiccamātappaṁ akkhātāro Tathāgatā |
paṭipannā pamokkhanti jhāyino Mārabandhanā || 276 ||

सब्बे सङ्खारा अनिच्चा ति यदा पञ्ञाय पस्सति।
अथ निब्बिन्दति दुक्खे एस मग्गो विसुद्धिया ॥२७७॥

Sabbe saṅkhārā aniccā ti yadā paññāya passati |
atha nibbindatī dukkhe esa maggo visuddhiyā || 277 ||

सब्बे सङ्खारा दुक्खा ति यदा पञ्ञाय पस्सति।
अथ निब्बिन्दति दुक्खे एस मग्गो विसुद्धिया ॥२७८॥

Sabbe saṅkhārā dukkhā ti yadā paññāya passati |
atha nibbindatī dukkhe esa maggo visuddhiyā || 278 ||

273. De todos os caminhos, o dos Oito-Passos é o melhor; e de todas as verdades, os Quatro-Passos são os melhores. De todos os estados, a Indiferença é o melhor. E de todos os homens, Aquele que Vê (Buda) é o primeiro.

274. Este é o caminho, não há outro que leve à pureza interior. Segue este caminho porque ele confunde *Māra*.

275. Ao seguir este caminho, porás fim ao sofrimento. Ensinei-te o caminho depois de eu mesmo ter removido os espinhos.

276. Tu deves te esforçar. Os *Tathāgatas* são unicamente os instrutores, aqueles que meditando entraram no caminho e se livraram dos laços de *Māra*.

277. "Todas as coisas condicionadas são temporárias." Aquele que entende esta verdade fica desiludido com as coisas do sofrimento. Este é o caminho da pureza.

278. "Todas as coisas condicionadas são tristes." Aquele que entende esta verdade fica desiludido com as coisas do sofrimento. Este é o caminho da pureza.

सब्बे धम्मा अनत्ता ति यदा पञ्ञाय पस्सति।
अथ निब्बिन्दति दुक्खे एस मग्गो विसुद्धिया॥२७९॥

Sabbe dhammā anattā ti yadā paññāya passati |
atha nibbindatī dukkhe esa maggo visuddhiyā || 279 ||

उट्ठानकालम्हि अनुट्ठहानो युवा बली आलसियं उपेतो।
संसन्नसङ्कप्पमनो कुसीतो पञ्ञाय मग्गं अलसो न विन्दति॥२८०॥

Uṭṭhānakālamhi anuṭṭhahāno yuvā balī ālasiyaṁ upeto |
saṁsannasaṅkappamano kusīto paññāya maggaṁ alaso na vindati || 280 ||

वाचानुरक्खी मनसा सुसंवुतो कायेन च नाकुसलं कयि रा।
एते तयो कम्मपथे विसोधये आराधये मग्गमिसिप्पवेदितं॥२८१॥

Vācānurakkhī manasā susaṁvuto kāyena ca nakusalaṁ kayi rā |
ete tayo kammapathe visodhaye ārādhaye maggaṁisippaveditaṁ || 281 ||

योगा वे जायती भूरि अयोगा भूरिसङ्खयो।
एतं द्वेधापथं ञत्वा भवाय विभवाय च।
तथात्तानं निवेसय्य यथा भूरि पवड्ढति॥२८२॥

Yogā ve jāyatī bhūri ayogā bhūrisaṅkhayo |
etaṁ dvedhāpathaṁ ñatvā bhavāya vibhavāya ca |
tathattānaṁ niveseyya yathā bhūri pavaḍḍhati || 282 ||

वनं छिन्दथ मा रुक्खं वनतो जायते भयं।
छेत्वा वनञ्च वनथञ्च निब्बना होथ भिक्खवो॥२८३॥

Vanaṁ chindatha mā rukkhaṁ vanato jāyate bhayaṁ |
chetvā vanañ-ca vanathañ-ca nibbanā hotha bhikkhavo || 283 ||

279. "Todas as formas de existência são sem essência (*an-attā*)." Aquele que entende esta verdade fica desiludido com as coisas do sofrimento. Este é o caminho da pureza.

280. Aquele que não se esforça quando é o momento de o fazer, embora novo e forte, mas (é) indolente, fraco e vaidoso, este preguiçoso não encontra o caminho da sabedoria.

281. Sê comedido nas palavras, com a mente controlada, e não cometas atos errados com o corpo. Aperfeiçoa estas três formas de ação e percorre o caminho ensinado pelos sábios (*isi*).

282. Verdadeiramente, da meditação (*yoga*) emerge a sabedoria. Da falta de meditação (*ayoga*) emerge a perda de sabedoria. Conhecendo estes caminhos alternativos de progresso e retrocesso, deverias dirigir tua atenção de modo a que tua sabedoria cresça.

283. Abate toda a floresta (dos desejos e) não apenas uma árvore, (pois) da floresta sai o medo. Abate a floresta e seu mato, Ó *Bhikkhu*, e chegai ao *Nibbāna*.

यावं हि वनथो न छिज्जति अणुमत्तो पि नरस्स नारिसु।
पटिबद्धमनो व ताव सो वच्छो खीरपको व मातरि ॥२८४॥

Yāva hi vanatho na chijjati aṇumatto pi narassa nārisu |
paṭibaddhamano va tāva so vaccho khīrapako va mātari || 284 ||

उच्छिन्द सिनेहमत्तनो कुमुदं सारदिकं व पाणिना।
सन्तिमग्गमेव ब्रूहय निब्बानं सुगतेन देसितं ॥२८५॥

Ucchinda sineham-attano kumudaṁ sāradikaṁ va pāṇinā |
santimaggam-eva brūhaya Nibbānaṁ Sugatena desitaṁ || 285 ||

इध वस्सं वसिस्सामि इध हेमन्तगिम्हिसु।
इति बालो विचिन्तेति अन्तरायं न बुज्झति ॥२८६॥

Idha vassaṁ vasissāmi idha hemantagimhisu |
iti bālo vicinteti, antarāyaṁ na bujjhati || 286 ||

तं पुत्तपसुसम्मत्तं ब्यासत्तमनसं नरं।
सुत्तं गामं महोघो व मच्चु आदाय गच्छति ॥२८७॥

Taṁ puttapasusammattaṁ byāsattamanasaṁ naraṁ |
suttaṁ gāmaṁ mahogho va maccu ādāya gacchati || 287 ||

न सन्ति पुत्ता ताणाय न पिता ना पि बन्धवा।
अन्तकेनाधिपन्नस्स नत्थि ञातीसु ताणता ॥२८८॥

Na santi puttā tāṇāya na pitā na pi bandhavā |
Antakenādhipannassa natthi ñātisu tāṇatā || 288 ||

एतमत्थवसं ञत्वा पण्डितो सीलसंवुतो।
निब्बानगमनं मग्गं खिप्पमेव विसोधये ॥२८९॥

Etam-atthavasaṁ ñatvā paṇḍito sīlasaṁvuto |
Nibbānagamanaṁ maggaṁ khippam-eva visodhaye || 289 ||

284. Enquanto o mato da luxúria do homem pela mulher não é totalmente destruído, até à última semente, sua mente estará presa, como um vitelo ligado a sua mãe.

285. Arranca teu desejo como quem apanha um lótus de outono com as mãos. Dedica-te ao caminho da paz, o *Nibbāna*, como foi ensinado por *Sugata* (*Buddha*).

286. "Aqui eu passarei a estação das chuvas (*vassa*), aqui passarei a estação de inverno (*hemanta*) e de verão (*gimhāna*)." Esta é a forma como um louco pensa, (pois) não lhe ocorre o que acontece entretanto.

287. Assim como uma grande cheia leva uma aldeia adormecida, também a morte agarra e leva um homem que está distraído e que depende de seus filhos e do gado.

288. Os filhos não são proteção, nem para o pai nem para a família. Quando alguém é surpreendido pela morte, não pode se refugiar na família.

289. Compreendendo o significado disso, que o homem sábio e autocontrolado rapidamente desenvolva o caminho que leva ao *Nibbāna*.

Sūtra 279

Sobre a definição de *atta* segundo o *Dharma* búdico, optamos por transcrever a tradução do comentário integral da edição francesa realizada pelo Centre d'Etudes Dharmiques de Gretz (1993):

> *Atta* (sâns. *ātma*) é o eu, o um, considerado uma entidade, uma essência duradoura, ou até imortal, autônoma, separada das "outras". Mas é apenas no *Dharma* de Buddha que esse "eu" é negado, e esta doutrina do sem-eu, do sem--alma permanente, do sem-essência, faz a característica principal do *Dharma* de Buddha. Mas não se deve compreender esta proposição como a negação de um "eu" relativo, duma psique contingente; devemos considerar que o indivíduo (ou a pessoa) é uma continuidade (*santāna*); que corpo e psique não são mais do que "momentos", do que aspectos que variam sem cessar e muito rapidamente sob os efeitos de condições, sem que um núcleo estável e duradouro possa ser encontrado. Tomando um exemplo da física moderna, podemos considerar o corpo e a psique como uma sucessão quântica, guiada por uma onda *psi* que será o *karma*, quer dizer, o resultado das ações passadas, sem que possamos encontrar nesse *karma* qualquer "coisa" de material. Podemos falar de um campo que orienta os vetores condicionados em sucessão. Esta continuidade será assegurada depois da morte, que não é mais do que uma espécie de momento contínuo, tal como a morte de um pensamento, depois de ter nascido e de se ter desenvolvido. É só quando as pessoas se encontram em *Nirvāṇa*, quando os fatores de existência se extinguem (e assim o *karma*), que param as combinações fenomênicas que formam um "eu". O *Nirvāṇa* não é individual ou pessoal, ele é transfenomênico.
>
> É necessário dar uma explicação sobre o sentido que damos, na nossa escola de Gretz, às palavras "individuais" e "pessoais". O indivíduo é um conjunto não divisível que forma um ser consciente por um grupo de fenômenos, quer grosseiros, quer sutis, corpos, sensações, noções, fatores de *karma*, animados por um conhecimento discriminativo (entenda-se como transitório, ele mesmo condicionado). Trata-se portanto de uma função indivisível de fatores covariantes, uma "bolha" segundo o conceito de vacuidade. Este conjunto individual é o objeto da ilusão fundamental, que consiste em crer-se "eu" separado dos outros, duradouro, autônomo e até autogênico. Esta ilusão cria quer os desejos para conforto do eu, quer a agressividade para o que parece prejudicar, afirmando a falsificação do eu.
>
> Se, através de uma ascese, de uma prática, esta ilusão desaparece num Despertar, o eu é "visto" como contingente, ligado aos outros e às "dez mil coisas", sem

realidade própria, mas fazendo parte do *ordo rerum*, da ordem-desordem das coisas e governado por essa ordem. É portanto o Conhecimento transcendente do sem-eu [*an-attā*], mas permanecendo no mundo fenomênico, não totalmente extinto dos fatores da existência. Este Conhecimento transcendente é chamado *lokiya prajñā*: o Conhecimento transcendente no mundo. Não há preferência pelo aspecto parcial positivo da ordem-desordem das coisas dentro do indivíduo, mas a aceitação de pares de opostos, vida-morte, saúde-doença, paz-guerra etc., sem atração. As ilusões duais extinguem-se, o Conhecimento transcendente "soa" através do indivíduo, que se torna então naquilo que nós chamamos pessoa. Escolhemos este termo assimilando o homem sem ilusões individuais à máscara imutável dos atores gregos, que os utilizavam como megafone. Sobre essa máscara esconde-se o ator com suas ações e reações, o jogo da sua fisionomia, dos seus vícios, das suas preferências, considerando que a máscara está sempre imóvel, constante, fixa, invariável.

O indivíduo apaixona-se pela ilusão; a pessoa obedece às pulsões, procura, se é homem, *yang*, uma mulher, *yin*, que lhe seja complementar e que possa reconstituir com ele a mônada indiferenciada neutra, e por isso sem paixão. A pessoa encontra-se ainda submissa, embora ela conheça em Conhecimento transcendente, nas pulsões, compreendendo os fenômenos, se é um sábio laico, que tem mulher, filhos, emprego, e que vive sabiamente no mundo, preparando através de condições favoráveis o Despertar total. Com efeito, assim que a pessoa extingue as suas pulsões "limpas" (fenomênicas), o seu querer viver, sendo ele sábio, pode então, através de uma ascese mais completa, despertar para um além das coisas, para um *Lokottara Prajñā*, um Conhecimento transcendente transfenomênico.

O indivíduo totalmente errado, a pessoa transcendentalmente conhecedora dos fenômenos é, enfim, um sábio completamente desperto, em *Nirvāṇa*, o qual não podemos chamar outra coisa senão "nulo", eis como nós compreendemos e formulamos os três tipos humanos.

XXI
OS VÁRIOS

पकिण्णकवग्गो एकवीसतिमो

Pakiṇṇakavaggo Ekavīsatimo

मत्तासुखपरिच्चागा पस्से चे विपुलं सुखं।
चजे मत्तासुखं धीरो सम्पस्सं विपुलं सुखं॥२९०॥

Mattāsukhapariccāgā, passe ce vipulaṁ sukhaṁ |
caje mattāsukhaṁ dhīro sampassaṁ vipulaṁ sukhaṁ || 290 ||

परदुक्खूपधानेन अत्तनो सुखमिच्छति।
वेरसंसग्गसंसट्ठो वेरा सो न परिमुच्चति॥२९१॥

Paradukkhūpadānena attano sukham-icchati |
verasaṁsaggasaṁsaṭṭho, verā so na parimuccati || 291 ||

यञ्हि किच्चं तदपविद्धं अकिच्चं पन कयि रति।
उन्नळानं पमत्तानं तेसं वड्ढन्ति आसवा॥२९२॥

Yaṁ hi kiccaṁ tad-apaviddhaṁ akiccaṁ pana kayi rati |
unnalānaṁ pamattānaṁ tesaṁ vaḍḍhanti āsavā || 292 ||

येसञ्च सुसमारद्धा निच्चं कायगता सति।
अकिच्चं ते न सेवन्ति किच्चे सातच्चकारिनो।
सतानं सम्पजानानं अत्थं गच्छन्ति आसवा॥२९३॥

Yesañ-ca susamāraddhā niccaṁ kāyagatā sati |
akiccaṁ te na sevanti kicce sātaccakārino |
satānaṁ sampajānānaṁ atthaṁ gacchanti āsavā || 293 ||

मातरं पितरं हन्त्वा राजानो द्वे च खत्तिये।
रट्ठं सानुचरं हन्त्वा अनीघो याति ब्राह्मणो॥२९४॥

Mātaraṁ pitaraṁ hantvā rājāno dve ca khattiye |
raṭṭhaṁ sānucaraṁ hantvā anīgho yāti brāhmaṇo || 294 ||

290. Se ao renunciar a um pequeno prazer obtém-se uma grande felicidade, o sábio (*dhīra*) renuncia a uma pequena felicidade para atingir outra maior.

291. Aquele que deseja a felicidade para si mesmo infligindo mal aos outros não se livra do ódio e de ser apanhado em sua armadilha.

292. Se o que deveria ser feito é negligenciado, e o que não deveria ter sido feito é feito, então o impulso dos pensamentos daquele que é arrogante e descuidado aumenta.

293. Aqueles que estão constantemente alertas sobre a natureza do corpo, que se abstêm de fazer o que não deve ser feito, que lutam por fazer aquilo que deve ser feito, que são atentos e autocontrolados, nesses homens o impulso dos pensamentos extingue-se.

294. Depois de ter matado a mãe, o pai e os dois reis *Khattiya*, e tendo destruído o reino com os seus súditos, o verdadeiro *Brāhmaṇa* segue seu caminho imperturbável.

मातरं पितरं हन्त्वा राजानो द्वे च सोत्थिये।
वेयग्घपञ्चमं हन्त्वा अनीघो याति ब्राह्मणो॥२९५॥

Mātaraṁ pitaraṁ hantvā rājāno dve ca sotthiye |
veyagghapañcamaṁ hantvā anīgho yāti brāhmaṇo || 295 ||

सुप्पबुद्धं पबुज्झन्ति सदा गोतमसावका।
येसं दिवा च रत्तो च निच्चं बुद्धगता सति॥२९६॥

Suppabuddhaṁ pabujjhanti sadā Gotamasāvakā |
yesaṁ divā ca ratto ca niccaṁ Buddhagatā sati || 296 ||

सुप्पबुद्धं पबुज्झन्ति सदा गोतमसावका।
येसं दिवा च रत्तो च निच्चं धम्मगता सति॥२९७॥

Suppabuddhaṁ pabujjhanti sadā Gotamasāvakā |
yesaṁ divā ca ratto ca niccaṁ Dhammagatā sati || 297 ||

सुप्पबुद्धं पबुज्झन्ति सदा गोतमसावका।
येसं दिवा च रत्तो च निच्चं सङ्घगता सति॥२९८॥

Suppabuddhaṁ pabujjhanti sadā Gotamasāvakā |
yesaṁ divā ca ratto ca niccaṁ Saṅghagatā sati || 298 ||

सुप्पबुद्धं पबुज्झन्ति सदा गोतमसावका।
येसं दिवा च रत्तो च निच्चं कायगता सति॥२९९॥

Suppabuddhaṁ pabujjhanti sadā Gotamasāvakā |
yesaṁ divā ca ratto ca niccaṁ kāyagatā sati || 299 ||

सुप्पबुद्धं पबुज्झन्ति सदा गोतमसावका।
येसं दिवा च रत्तो च अहिंसाय रतो मनो॥३००॥

Suppabuddhaṁ pabujjhanti sadā Gotamasāvakā |
yesaṁ divā ca ratto ca ahiṁsāya rato mano || 300 ||

295. Depois de ter matado a mãe, o pai e os dois reis *Brāhmaṇa*, e tendo destruído o quinto, o tigre, o verdadeiro *Brāhmaṇa* segue seu caminho imperturbável.

296. Os discípulos de *Gotama* sempre despertam bem iluminados. Suas consciências estão sempre centradas no Buda, dia e noite.

297. Os discípulos de *Gotama* sempre despertam bem iluminados. Suas consciências estão sempre centradas no *Dhamma*, dia e noite.

298. Os discípulos de *Gotama* sempre despertam bem iluminados. Suas consciências estão sempre centradas no *Saṅgha*, dia e noite.

299. Os discípulos de *Gotama* sempre despertam bem iluminados. Suas consciências estão sempre centradas no *Kāya*, dia e noite.

300. Os discípulos de *Gotama* sempre despertam bem iluminados. Suas consciências comprazem-se dia e noite na virtude de *Ahiṃsā*.

सुप्पबुद्धं पबुज्झन्ति सदा गोतमसावका।
येसं दिवा च रत्तो च भावनाय रतो मनो॥३०१॥

Suppabuddhaṁ pabujjhanti sadā Gotamasāvakā |
yesaṁ divā ca ratto ca bhāvanāya rato mano || 301 ||

दुप्पब्बज्जं दुरभिरमं दुरावासा घरा दुखा।
दुक्खोसमानसंवासो दुक्खानुपतितद्धगू।
तस्मा न चद्धगू सिया न च दुक्खानुपतितो सिया॥३०२॥

Duppabbajjaṁ durabhiramaṁ durāvāsā gharā dukhā |
dukkhosamānasaṁvāso dukkhānupatitaddhagū |
tasmā na caddhagū siyā na ca dukkhānupatito siyā || 302 ||

सद्धो सीलेन सम्पन्नो यसोभोगसमप्पितो।
यं यं पदेसं भजति तत्थ तत्थेव पूजितो॥३०३॥

Saddho sīlena sampanno yasobhogasamappito |
yaṁ yaṁ padesaṁ bhajati tattha tattheva pūjito || 303 ||

दूरे सन्तो पकासेन्ति हिमवन्तो व पब्बतो।
असन्तेत्थ न दिस्सन्ति रत्तिं खित्ता यथा सरा॥३०४॥

Dūre santo pakāsenti, himavanto va pabbato |
asantettha na dissanti, rattiṁ khittā yathā sarā || 304 ||

एकासनं एकसेय्यं एको चरमतन्दितो।
एको दमयमत्तानं वनन्ते रमितो सिया॥३०५॥

Ekāsanaṁ ekaseyyaṁ, eko caram-atandito |
eko damayam-attānaṁ vanante ramito siyā || 305 ||

301. Os discípulos de *Gotama* sempre despertam bem iluminados. Suas consciências comprazem-se dia e noite em *bhāvanā*.

302. Viver uma vida de renúncia é difícil, e difícil é ser feliz nessa vida, mas é igualmente difícil viver em más casas, e doloroso viver com pessoas diferentes de nós, quando se está agarrado ao sofrimento e à inquietude. Portanto, não sejas inquieto e não te deixes agarrar pelo sofrimento.

303. Aquele que está imbuído de devoção é virtuoso e está abençoado pela fama e pela saúde é honrado onde quer que vá.

304. Os bons brilham ao longe como os picos dos Himalaias, enquanto os maus não se notam, como as flechas atiradas à noite.

305. Vivendo só, dormindo só; viajando só e sendo resoluto, só e autodisciplinado, o homem deveria encontrar alegria vivendo na floresta.

***Sūtra* 294**

A "mãe" (*mātu*) é o termo usado aqui no sentido de "desejo"; "pai" (*pitu*), de "egoísmo"; e os "dois reis da casta guerreira" (*khattiya* – sâns. *kṣatriya*), das duas doutrinas consideradas falsas pelo budismo, o eternalismo e o niilismo. O "reino" (*rajja*) e seus "súditos" representam os sentidos, os objetos dos sentidos e os desejos, respectivamente.

***Sūtra* 295**

O "tigre" (*vyaggha*) representa os cinco obstáculos ao progresso espiritual: luxúria, vontade fraca, torpor, inquietude e dúvida.

***Sūtra* 299**

Estar concentrado no "corpo" (*kāya*) significa estar vigilante às transformações e aos impulsos do corpo, no sentido de os controlar.

***Sūtra* 301**

Meditação (*bhāvanā*) é um termo que dificilmente serve para significar as técnicas budistas, mesmo no seu sentido etimológico: "praticar a psique". Esse termo deve abranger as operações igualmente diferentes, como a vigilância, a concentração, a abstração, a tranquilidade, o desenvolvimento etc. O verso refere-se ao desenvolvimento: literalmente "tornar-se". Esse desenvolvimento visa a aumentar certas qualidades favoráveis ao Despertar.

XXII
O INFERNO

निरयवग्गो द्वावीसतिमो

Nirayavaggo Dvāvīsatimo

अभूतवादी निरयं उपेति यो वापि कत्वा न करोमि चाह।
उभो पि ते पेच्च समा भवन्ति निहीनकम्मा मनुजा परत्थ॥३०६॥

Abhūtavādī nirayaṁ upeti yo vāpi katvā na karomī ti cāha |
ubho pi te pecca samā bhavanti nihīnakammā manujā parattha || 306 ||

कासावकण्ठा बहवो पापधम्मा असञ्ञता।
पापा पापेहि कम्मेहि निरयं ते उपपज्जरे॥३०७॥

Kāsāvakaṇṭhā bahavo pāpadhammā asaññatā |
pāpā pāpehi kammehi nirayaṁ te upapajjare || 307 ||

सेय्यो अयोगुळो भुत्तो तत्तो अग्गिसिखूपमो।
यञ्चे भुञ्जेय्य दुस्सीलो रट्ठपिण्डमसञ्ञतो॥३०८॥

Seyyo ayoguḷo bhutto tatto aggisikhūpamo |
yañ-ce bhuñjeyya dussīlo raṭṭhapiṇḍamasaññato || 308 ||

चत्तारि ठानानि नरो पमत्तो आपज्जति परदारूपसेवी।
अपुञ्ञलाभं न निकामसेय्यं निन्दं ततीयं निरयं चतुत्थं॥३०९॥

Cattāri ṭhānāni naro pamatto āpajjatī paradārūpasevī |
apuññalābhaṁ na nikāmaseyyaṁ nindaṁ tatīyaṁ,
nirayaṁ catutthaṁ || 309 ||

अपुञ्ञलाभो च गती च पापिका भीतस्स भीताय रती च थोकिका।
राजा च दण्डं गरुकं पणेति तस्मा नरो परदारं न सेवे॥३१०॥

Apuññalābho ca gatī ca pāpikā bhītassa bhītāya ratī ca thokikā |
rājā ca daṇḍaṁ garukaṁ paṇeti tasmā naro paradāraṁ na seve || 310 ||

306. O homem que diz mentiras vai para o inferno (*niraya*), assim como aquele que prevaricou diz: "Eu não o fiz.". Depois da morte, ambos os homens que cometeram atos desprezíveis tornam-se iguais no outro mundo.

307. Muitos daqueles que usam o manto amarelo (*kāsāyavattha*) têm mau caráter e mau entendimento. Esses malfeitores nascem no inferno por conta de suas más ações.

308. É melhor engolir um tição de ferro incandescente do que uma pessoa imoral e descontrolada comer as esmolas do povo.

309. O homem imprudente, que pratica adultério, incorre em quatro condições: indignidade, sono com sobressalto, desgraça e inferno.

310. A aquisição da indignidade (causa) no futuro um mau nascimento, e mesmo o prazer efêmero do homem nos braços de uma mulher é acompanhado pelo medo; além disso, o castigo aplicado pelo *Rājā* é pesado. Portanto um homem não deveria cometer adultério.

कुसो यथा दुग्गहितो हत्थमेवानुकन्तति ।
सामञ्ञं दुप्परामट्ठं निरयायुपकड्ढति ॥३११॥

Kuso yathā duggahito hattham-evānukantati |
sāmaññaṁ dupparāmaṭṭhaṁ nirayāyupakaḍḍhati || 311 ||

यं किञ्चि सिथिलं कम्मं संकिलिट्ठञ्च यं वतं ।
सङ्कस्सरं ब्रह्मचरि यं न तं होति महप्फलं ॥३१२॥

Yaṁ kiñci sithilaṁ kammaṁ saṁkiliṭṭhañ-ca yaṁ vataṁ |
saṅkassaraṁ brahmacari yaṁ na taṁ hoti mahapphalaṁ || 312 ||

कयिरा चे कयिराथेनं दळ्हमेनं परक्कमे ।
सिथिलो हि परिब्बाजो भिय्यो आकिरते रजं ॥३१३॥

Kayirā-ce kayirāthenaṁ daḷham-enaṁ parakkame |
saṭhilo hi paribbājo bhiyyo ākirate rajaṁ || 313 ||

अकतं दुक्कटं सेय्यो पच्छा तप्पति दुक्कटं ।
कतञ्च सुकतं सेय्यो यं कत्वा नानुतप्पति ॥३१४॥

Akataṁ dukkataṁ seyyo pacchā tappati dukkaṭaṁ |
katañ-ca sukataṁ seyyo yaṁ katvā nānutappati || 314 ||

नगरं यथा पच्चन्तं गुत्तं सन्तरबाहिरं ।
एवं गोपेथ अत्तानं खणो वो मा उपच्चगा ।
खणातीता हि सोचन्ति निरयम्हि समप्पिता ॥३१५॥

Nagaraṁ yathā paccantaṁ guttaṁ santarabāhiraṁ |
evaṁ gopetha attānaṁ, khaṇo vo mā upaccagā |
khaṇātītā hi socanti nirayamhi samappitā || 315 ||

311. Da mesma forma como uma folha de erva *kuśa* mal apanhada corta a mão, também uma vida religiosa mal praticada leva ao inferno.

312. Comportamento negligente, observâncias não cumpridas e castidade duvidosa, nenhuma dessas coisas dá grande fruto (*mahapphala*).

313. Se alguma coisa tem de ser feita, que se faça com toda a energia. (Pois) um asceta negligente só espalha poeira (*raja*)[11].

314. As más ações é melhor deixá-las por fazer, pois esses atos são mais tarde punidos. É melhor praticar uma boa ação, pois praticando-a não te arrependes depois mais tarde.

315. Guarda-te como uma cidade de fronteira, dentro e fora. Não percas um só momento, pois aqueles que deixam passar uma oportunidade afligem-se quando nascem no inferno.

11. "Poeira" entendida como "paixão".

अलज्जिताये लज्जन्ति लज्जिताये न लज्जरे।
मिच्छादिट्ठिसमादाना सत्ता गच्छन्ति दुग्गतिं॥३१६॥

Alajjitāye lajjanti lajjitāye na lajjare |
micchādiṭṭhisamādānā sattā gacchanti duggatiṁ || 316 ||

अभये भयदस्सिनो भये चाभयदस्सिनो।
मिच्छादिट्ठिसमादाना सत्ता गच्छन्ति दुग्गतिं॥३१७॥

Abhaye bhayadassino bhaye cābhayadassino |
micchādiṭṭhisamādānā sattā gacchanti duggatiṁ || 317 ||

अवज्जे वज्जमतिनो वज्जे चावज्जदस्सिनो।
मिच्छादिट्ठिसमादाना सत्ता गच्छन्ति दुग्गतिं॥३१८॥

Avajje vajjamatino vajje cāvajjadassino |
micchādiṭṭhisamādānā sattā gacchanti duggatiṁ || 318 ||

वज्जञ्च वज्जतो ञत्वा अवज्जञ्च अवज्जतो।
सम्मादिट्ठिसमादाना सत्ता गच्छन्ति सुग्गतिं॥३१९॥

Vajjañ-ca vajjato ñatvā avajjañ-ca avajjato |
sammādiṭṭhisamādānā sattā gacchanti suggatiṁ || 319 ||

316. Aqueles que têm vergonha daquilo que não deveriam ter vergonha, e que não têm vergonha daquilo que deviam, esses homens pensam erradamente e vão pelo caminho do mal.

317. Aqueles que têm medo quando não há razão para o ter, e não sentem medo quando deveriam, esses homens pensam erradamente e vão pelo caminho do mal.

318. Aqueles que imaginam um erro onde ele não existe, e não o veem onde ele está, esses homens pensam erradamente e vão pelo caminho do mal.

319. Aqueles que veem o erro como erro e a verdade como verdade, esses homens pensam acertadamente e vão pelo caminho da felicidade.

XXIII
O ELEFANTE

नागवग्गो तेवीसतिमो

Nāgavaggo Tevīsatimo

अहं नागो व सङ्गामे चापातो पतितं सरं।
अतिवाक्यं तितिक्खिस्सं दुस्सीलो हि बहुज्जनो ॥३२०॥

Ahaṁ nāgo va saṅgāme cāpāto patitaṁ saraṁ |
ativākyaṁ titikkhissaṁ, dussīlo hi bahujjano || 320 ||

दन्तं नयन्ति समितिं दन्तं राजाभिरूहति।
दन्तो सेट्ठो मनुस्सेसु योतिवाक्यं तितिक्खति ॥३२१॥

Dantaṁ nayanti samitiṁ, dantaṁ rājābhirūhati |
danto seṭṭho manussesu, yotivākyaṁ titikkhati || 321 ||

वरमस्सतरा दन्ता आजानीया च सिन्धवा।
कुञ्जरा च महानागा अत्तदन्तो ततो वरं ॥३२२॥

Varam-assatarā dantā, ājānīyā ca Sindhavā |
kuñjarā ca mahānāgā, attadanto tato varaṁ || 322 ||

न हि एतेहि यानेहि गच्छेय्य अगतं दिसं।
यथात्तना सुदन्तेन दन्तो दन्तेन गच्छति ॥३२३॥

Na hi etehi yānehi gaccheyya agataṁ disaṁ |
yathattanā sudantena, danto dantena gacchati || 323 ||

धनपालको नाम कुञ्जरो कटुकप्पभेदनो दुन्निवारयो।
बद्धो कबळं न भुञ्जति सुमरति नागवनस्स कुञ्जरो ॥३२४॥

Dhanapālako nāma kuñjaro kaṭukappabhedano dunnivārayo |
baddho kabaḷaṁ na bhuñjati sumarati nāgavanassa kuñjaro || 324 ||

320. Eu aguentarei a crítica como um elefante (*nāga*) aguenta uma flecha atirada por um arco no campo de batalha. A maioria das pessoas tem um mau comportamento.

321. Uma pessoa pode levar um elefante treinado para o meio da multidão. Um rei (*rāja*) até pode montar um elefante treinado. O homem disciplinado é o melhor dos homens, desde que ele possa aguentar a crítica.

322. Mulas (*assatara*) treinadas são excelentes, assim como os cavalos (*assa*) puro-sangue do Sindh, e assim como os grandes elefantes de batalha, mas mais excelente que tudo é o homem disciplinado.

323. Não se consegue atingir o inacessível[12] montando esses animais, mas um homem bem disciplinado pode lá chegar.

324. *Dhanapālaka*, o elefante, é difícil de controlar quando está no cio, e, mesmo quando amarrado, ele recusa-se a comer. O grande dente pensa na floresta dos elefantes.

12. "Inacessível" é utilizado neste contexto no sentido de "Iluminação" (*Nibbāna*).

मिद्धी यदा होति महग्घसो च निद्दायिता सम्परिवत्तसायी ।
महावराहो व निवापपुट्ठो पुनप्पुनं गब्भमुपेति मन्दो ॥३२५॥

Middhī yadā hoti mahagghaso ca niddāyitā samparivattasāyī |
mahāvarāho va nivāpapuṭṭho punappunaṁ gabbham-upeti mando. || 325 ||

इदं पुरे चित्तमचारि चारिकं येनिच्छकं यत्थकामं यथासुखं ।
तदज्जहं निग्गहेस्सामि योनिसो हत्थिप्पभिन्नं विय अङ्कुसग्गहो ॥३२६॥

Idaṁ pure cittam-acāri cārikaṁ yenicchakaṁ yatthakāmaṁ yathāsukhaṁ |
tad-ajjahaṁ niggahessāmi yoniso hatthim-pabhinnaṁ
viya aṅkusaggaho. || 326 ||

अप्पमादरता होथ सचित्तमनुरक्खथ ।
दुग्गा उद्धरथत्तानं पङ्के सन्नो व कुञ्जरो ॥३२७॥

Appamādaratā hotha, sacittam-anurakkhatha |
duggā uddharathattānaṁ paṅke sanno va kuñjaro. || 327 ||

सचे लभेथ निपकं सहायं सद्धिं चरं साधुविहारिधीरं ।
अभिभुय्य सब्बानि परिस्सयानि चरेय्य तेनत्तमनो सतीमा ॥३२८॥

Sace labhetha nipakaṁ sahāyaṁ saddhiṁ-caraṁ sādhuvihāridhīraṁ |
abhibhuyya sabbāni parissayāni careyya tenattamano satīmā. || 328 ||

325. Quando um homem está sempre deitado e come demais, um preguiçoso que se espoja no sono como um grande porco anafado, um louco destes nascerá repetidas (e) muitas vezes.

326. Minha mente antigamente costumava vaguear como ela queria, a seu bel-prazer, mas agora eu controlo-a cuidadosamente, como um tratador de elefantes controla com seu gancho um elefante desgovernado pelo cio.

327. Sê vigilante e cuidadoso. Vigia bem tua mente e desvia-te dos maus caminhos, como um elefante quando enterrado na lama se desembaraça.

328. Se encontras um amigo inteligente, uma pessoa sábia (*dhīra*) e bem-educada que percorre o mesmo caminho que tu, então vai com ele, superando todos os obstáculos com alegria e vigilância.

नो चे लभेथ निपकं सहायं सद्धिं चरं साधुविहारिधीरं।
राजा व रट्ठं विजितं पहाय एको चरे मातङ्गरञ्ञे व नागो ॥३२९॥

No ce labhetha nipakaṁ sahāyaṁ saddhiṁ caraṁ sādhuvihāridhīraṁ |
rājā va raṭṭhaṁ vijitaṁ pahāya eko care mātaṅgaraññe va nāgo || 329 ||

एकस्स चरितं सेय्यो नत्थि बाले सहायता।
एको चरे न च पापानि कयिरा अप्पोस्सुक्को मातङ्गरञ्ञेव नागो ॥३३०॥

Ekassa caritaṁ seyyo, natthi bāle sahāyatā |
eko care na ca pāpāni kayirā appossukko mātaṅgaraññe va nāgo || 330 ||

अत्थम्हि जातम्हि सुखा सहाया तुट्ठी सुखा या इतरीतरेन।
पुञ्ञं सुखं जीवितसङ्खयम्हि सब्बस्स दुक्खस्स सुखं पहानं ॥३३१॥

Atthamhi jātamhi sukhā sahāyā tuṭṭhī sukhā yā itarītarena |
puññaṁ sukhaṁ jīvitasaṅkhayamhi sabbassa dukkhassa
sukhaṁ pahāṇaṁ || 331 ||

सुखा मत्तेय्यता लोके अथो पेत्तेय्यता सुखा।
सुखा सामञ्ञता लोके अथो ब्रह्मञ्ञता सुखा ॥३३२॥

Sukhā matteyyatā loke atho petteyyatā sukhā |
sukhā sāmaññatā loke atho brahmaññatā sukhā || 332 ||

सुखं याव जरा सीलं सुखा सद्धा पतिट्ठिता।
सुखो पञ्ञाय पटिलाभो पापानं अकरणं सुखं ॥३३३॥

Sukhaṁ yāva jarā sīlaṁ sukhā saddhā patiṭṭhitā |
sukho paññāya paṭilābho pāpānaṁ akaraṇaṁ sukhaṁ || 333 ||

329. Mas se não encontras um amigo inteligente, uma pessoa sábia e bem-educada que percorra o mesmo caminho que tu, então, vai sozinho, como um rei que abandona um reino conquistado, ou como o elefante *Mātanga* na floresta.

330. Mais vale viver só. A companhia de um louco é impossível. Que tu vivas sozinho sem cometer más ações, como um grande elefante na floresta.

331. É bom ter amigos quando a necessidade surge, e é bom estar contente quando o sentimento é mútuo. O mérito é bom no fim da vida, e a eliminação de todo o sofrimento é boa.

332. Ser mãe neste mundo é uma bênção, e ser pai neste mundo é uma bênção. Ser um *Samaṇa* neste mundo é uma bênção, e ser um *Brāhmaṇa* é uma bênção (*sukha*).

333. A virtude que dura até o fim da vida é uma bênção, assim como uma fé bem firme. Atingir a iluminação é uma bênção, e não praticar más ações é uma bênção.

XXIV
A SEDE

तण्हावग्गो चतुवीसतिमो

Taṇhāvaggo Catuvīsatimo

मनुजस्स पमत्तचारिनो तण्हा वड्ढति मालुवा विय।
सो प्लवती हुरा हुरं फलमिच्छं व वनस्मि वानरो॥३३४॥

Manujassa pamattacārino taṇhā vaḍḍhati māluvā viya |
so palavatī hurā huraṁ phalam-icchaṁ va vanasmi vānaro || 334 ||

यं एसा सहती जम्मी तण्हा लोके विसत्तिका।
सोका तस्स पवड्ढन्ति अभिवट्ठं व बीरणं॥३३५॥

Yaṁ esā sahatī jammī taṇhā loke visattikā |
sokā tassa pavaḍḍhanti abhivaṭṭhaṁ va bīraṇaṁ || 335 ||

यो चेतं सहती जम्मिं तण्हं लोके दुरच्चयं।
सोका तम्हा पपतन्ति उदबिन्दु व पोक्खरा॥३३६॥

Yo cetaṁ sahatī jammiṁ taṇhaṁ loke duraccayaṁ |
sokā tamhā papatanti udabindu va pokkharā || 336 ||

तं वो वदामि भद्दं वो यावन्तेत्थ समागता।
तण्हाय मूलं खणथ उसीरत्थो व बीरणं।
मा वो नळंव सोतोव मारो भञ्जि पुनप्पुनं॥३३७॥

Taṁ vo vadāmi Bhaddaṁ vo yāvantettha samāgatā |
taṇhāya mūlaṁ khaṇatha usīrattho va bīraṇaṁ |
mā vo naḷaṁ va soto va Māro bhañji punappunaṁ || 337 ||

यथा पि मूले अनुपद्दवे दळ्हे छिन्नो पि रुक्खो पुनरेव रूहति।
एवम्पि तण्हानुसये अनूहते निब्बत्तती दुक्खमिदं पुनप्पुनं॥३३८॥

Yathā pi mūle anupaddave daḷhe chinno pi rukkho punar-eva rūhati |
evam pi taṇhānusaye anūhate nibbattatī dukkham-idaṁ
punappunaṁ || 338 ||

334. A sede (*taṇhā*) de um homem descuidado cresce como a trepadeira *māluvā*. Ele salta como um macaco que procura esfomeado a fruta na floresta.

335. Quando alguém é invadido por este miserável e importuno desejo do mundo, suas tristezas aumentam como a erva *bīraṇa*, que cresce depois de muita chuva.

336. Mas quando alguém domina este miserável desejo, que é tão difícil de superar, então suas tristezas desfazem-se como uma gota de água caída de um lótus.

337. Isto é o que eu vos digo. Boa sorte a todos que vos encontrais aqui. Desenterrai a raiz da sede, como uma pessoa que desenterra a fragrante erva *bīraṇa*. Não deixais *Māra* destruir-vos várias vezes, como a corrente de um rio destrói as canas.

338. Da mesma forma como uma árvore derrubada cresce novamente, se as raízes estão fortes e não danificadas, assim o sofrimento aparece várias vezes se a raiz do desejo não estiver totalmente destruída.

यस्स छत्तिंसति सोता मनापस्सवना भुसा।
वाहा वहन्ति दुद्दिट्ठिं सङ्कप्पा रागनिस्सिता॥३३९॥

Yassa chattiṁsatī sotā manāpassavanā bhusā |
vāhā vahanti duddiṭṭhiṁ saṅkappā rāganissitā || 339 ||

सवन्ति सब्बधि सोता लता उप्पज्ज तिट्ठति।
तञ्च दिस्वा लतं जातं मूलं पञ्ञाय छिन्दथ॥३४०॥

Savanti sabbadhī sotā latā ubbhijja tiṭṭhati |
tañ-ca disvā lataṁ jātaṁ mūlaṁ paññāya chindatha || 340 ||

सरितानि सिनेहितानि च सोमनस्सानि भवन्ति जन्तुनो।
ते सातसिता सुखेसिनो ते वे जातिजरूपगा नरा॥३४१॥

Saritāni sinehitāni ca somanassāni bhavanti jantuno |
te sātasitā sukhesino te ve jātijarūpagā narā || 341 ||

तसिणाय पुरक्खता पजा परिसप्पन्ति ससो व बाधितो।
संयोजनसङ्गसत्तका दुक्खमुपेन्ति पुनप्पुनं चिराय॥३४२॥

Tasiṇāya purakkhatā pajā parisappanti saso va bādhito |
saṁyojanasaṅgasattakā dukkham-upenti punappunaṁ cirāya || 342 ||

तसिणाय पुरक्खता पजा परिसप्पन्ति ससो व बाधितो।
तस्मा तसिणं विनोदये भिक्खु आकङ्खं विरागमत्तनो॥३४३॥

Tasiṇāya purakkhatā pajā parisappanti saso va bādhito |
tasmā tasiṇaṁ vinodaye – bhikkhu ākaṅkham virāgam-attano || 343 ||

यो निब्बनथो वनाधिमुत्तो वनमुत्तो वनमेव धावति।
तं पुग्गलमेथ पस्सथ मुत्तो बन्धनमेव धावति॥३४४॥

Yo nibbanatho vanādhimutto vanamutto vanam-eva dhāvati |
taṁ puggalam-etha passatha mutto bandhanam-eva dhāvati || 344 ||

339. Aquele em que as 36 correntes correm impetuosas para os objetos do prazer, os pensamentos obsessivos, tão cheios de prazer, levam o homem a pensamentos errados.

340. Os rios (*svantī*) correm por todo lado. As trepadeiras crescem e mantêm-se firmes. Se vires essa trepadeira subir, corta-lhe a raiz por meio do conhecimento.

341. A atração e a repulsa dos prazeres sucedem no homem, e aqueles que estão ligados ao prazer e o procuram, essas pessoas estão sujeitas ao nascimento e à velhice.

342. As pessoas envolvidas pelo desejo andam às voltas como um coelho apanhado no laço. Rapidamente apanhados pelas correntes e algemas, eles sofrem por muito tempo e muitas vezes.

343. As pessoas envolvidas pelo desejo andam às voltas como um coelho apanhado no laço. Portanto um *Bhikkhu* que deseja a liberdade deve se libertar do desejo.

344. Aquele que renunciou à floresta e que, tendo-se libertado dela volta a entrar nela, olhem para ele! Embora se tenha libertado uma vez, volta de novo à prisão.

न तं दळ्हं बन्धनमाहु धीरा यदायसं दारुजं पब्बजञ्च ।
सारत्तरत्ता मणिकुण्डलेसु पुत्तेसु दारेसु च या अपेक्खा ॥३४५॥

Na taṁ daḷhaṁ bandhanam-āhu dhīrā yad-āyasaṁ dārujaṁ pabbajañ-ca |
sārattarattā maṇikuṇḍalesu puttesu dāresu ca yā apekkhā || 345 ||

एतं दळ्हं बन्धनमाहु धीरा ओहारिनं सिथिलं दुप्पमुञ्चं ।
एतम्पि छेत्वान परिब्बजन्ति अनपेक्खिनो कामसुखं पहाय ॥३४६॥

Etaṁ daḷhaṁ bandhanam-āhu dhīrā ohārinaṁ sithilaṁ duppamuñcaṁ |
etam-pi chetvāna paribbajanti anapekkhino, kāmasukhaṁ pahāya || 346 ||

ये रागरत्तानुपतन्ति सोतं सयंकतं मक्कटको व जालं ।
एतम्पि छेत्वान वजन्ति धीरा अनपेक्खिनो सब्बदुक्खं पहाय ॥३४७॥

Ye rāgarattānupatanti sotaṁ sayaṁkataṁ makkaṭako va jālaṁ |
etam-pi chetvāna vajanti dhīrā anapekkhino sabbadukkhaṁ pahāya || 347 ||

मुञ्च पुरे मुञ्च पच्छतो मज्झे मुञ्च भवस्स पारगू ।
सब्बत्थ विमुत्तमानसो न पुनं जातिजरं उपेहिसि ॥३४८॥

Muñca pure muñca pacchato majjhe muñca bhavassa pāragū |
sabbattha vimuttamānaso na punaṁ jātijaraṁ upehisi || 348 ||

वितक्कमथितस्स जन्तुनो तिब्बरागस्स सुभानुपस्सिनो ।
भिय्यो तण्हा पवड्ढति एस खो दळ्हं करोति बन्धनं ॥३४९॥

Vitakkapamathitassa jantuno tibbarāgassa, subhānupassino |
bhiyyo taṇhā pavaḍḍhati esa kho daḷhaṁ karoti bandhanaṁ || 349 ||

345. Diz o sábio (*dhīra*) que a corrente mais forte não é a de ferro, de madeira ou de corda, mas aquela que prende às joias e aos ornamentos, aos filhos e às mulheres; esta é de longe a corrente mais forte.

346. Diz o sábio que a corrente é forte quando puxa um homem para baixo, e mesmo estando lassa não é possível parti-la. Quebrando-a, o homem liberta-se e renuncia ao mundo e aos prazeres sensuais.

347. Aqueles que estão inflamados pela corrente dos desejos são como uma aranha que segue os fios de sua própria teia. Quebrando essa corrente, o sábio fica livre do desejo e deixa para trás todo o sofrimento.

348. Renuncia às coisas do passado, renuncia às do futuro e àquelas que estão entre um e o outro. Atravessa para a outra margem com a mente livre de todas as coisas, e então não te sujeitarás ao nascimento nem à velhice.

349. O desejo (*taṇhā*) aumenta grandemente naquele que se deixa agitar por pensamentos (maus), que tem grandes paixões e que não vê outra coisa a não ser o prazer. Uma pessoa assim fica mais acorrentada.

वितक्कूपसमे च यो रतो असुभं भावयती सदा सतो।
एस खो ब्यन्तिकाहिति एसछेच्छति मारबन्धनं ॥३५०॥

Vitakkupasame ca yo rato asubhaṁ bhāvayatī sadā sato |
esa kho vyantikāhiti esacchecchati Mārabandhanaṁ || 350 ||

निट्ठङ्गतो असन्तासी वीततण्हो अनङ्गणो।
अच्छिन्दि भवसल्लानि अन्तिमोयं समुस्सयो ॥३५१॥

Niṭṭhaṁ gato asantāsī vītataṇho anaṅgaṇo |
acchindi bhavasallāni, antimoyaṁ samussayo || 351 ||

वीततण्हो अनादानो निरुत्तिपदकोविदो।
अक्खरानं सन्निपातं जञ्ञा पुब्बापरानि च।
स वे अन्तिमसारीरो महापञ्ञो महापुरिसो ति वुच्चति ॥३५२॥

Vītataṇho anādāno niruttipadakovido |
akkharānaṁ sannipātaṁ jaññā pubbaparāni ca |
sa ve antimasārīro mahāpañño (mahāpuriso) ti vuccati || 352 ||

सब्बाभिभू सब्बविदूहमस्मि सब्बेसु धम्मेसु अनूपलित्तो।
सब्बञ्जहो तण्हक्खये विमुत्तो सयं अभिञ्ञाय कमुद्दिसेय्यं ॥३५३॥

Sabbābhibhū sabbavidūham-asmi sabbesu dhammesu anūpalitto |
sabbañjaho taṇhakkhaye vimutto sayaṁ abhiññāya
kam-uddiseyyaṁ || 353 ||

सब्बदानं धम्मदानं जिनाति सब्बं रसं धम्मरसो जिनाति।
सब्बं रतिं धम्मरतिं जिनाति तण्हक्खयो सब्बदुक्खं जिनाति ॥३५४॥

Sabbadānaṁ Dhammadānaṁ jināti sabbaṁ rasaṁ Dhammaraso jināti |
Sabbaṁ ratiṁ Dhammaratiṁ jināti taṇhakkhayo
sabbadukkhaṁ jināti || 354 ||

350. Aquele que se compraz em controlar os pensamentos, que está sempre abstraído observando o que não é agradável, tal pessoa acabará (com o desejo) e cortará os laços com *Māra*.

351. Aquele que chegou ao fim, que não tem medo, desejo ou paixão, que cortou com o sofrimento da vida, este é seu último corpo.

352. Aquele que não tem desejo nem atração, que é um especialista em etimologia e terminologia, que conhece a disposição sistemática das letras, é chamado aquele que está no seu último corpo, o maior dos sábios e um grande homem.

353. "Eu tudo venci e tudo conquistei, de tudo me desliguei e a tudo renunciei, estou totalmente livre pela destruição do desejo. Tendo tudo compreendido por mim mesmo, a quem posso eu chamar de meu Mestre?"

354. O dom da Verdade (*Dhamma*) ultrapassa todos os dons. O sabor (*rasa*) da Verdade excede todos os sabores. O encanto da Verdade supera todos os encantos. A destruição do apego (*rati*) supera todo o sofrimento.

हनन्ति भोगा दुम्मेधं नो च पारगवेसिनो।
भोगतण्हाय दुम्मेधो हन्ति अञ्ञे व अत्तनं॥३५५॥

Hananti bhogā dummedhaṁ no ve pāragavesino |
bhogataṇhāya dummedho hanti aññe va attanaṁ || 355 ||

तिणदोसानि खेत्तानि रागदोसा अयं पजा।
तस्मा हि वीतरागेसु दिन्नं होति महप्फलं॥३५६॥

Tiṇadosāni khettāni rāgadosā ayaṁ pajā |
tasmā hi vītarāgesu dinnaṁ hoti mahapphalaṁ || 356 ||

तिणदोसानि खेत्तानि दोसदोसा अयं पजा।
तस्मा हि वीतदोसेसु दिन्नं होति महप्फलं॥३५७॥

Tiṇadosāni khettāni dosadosā ayaṁ pajā |
tasmā hi vītadosesu dinnaṁ hoti mahapphalaṁ || 357 ||

तिणदोसानि खेत्तानि मोहदोसा अयं पजा।
तस्मा हि वीतमोहेसु दिन्नं होति महप्फलं॥३५८॥

Tiṇadosāni khettāni mohadosā ayaṁ pajā |
tasmā hi vītamohesu dinnaṁ hoti mahapphalaṁ || 358 ||

तिणदोसानि खेत्तानि तण्हादोसा अयं पजा।
तस्मा हि वीततण्हेसु दिन्नं होति महप्फलं॥३५९॥

Tiṇadosāni khettāni icchādosā ayaṁ pajā |
tasmā hi vigaticchesu dinnaṁ hoti mahapphalaṁ || 359 ||

355. As riquezas destroem o louco, mas não aqueles que procuram a outra margem. Através do desejo pela riqueza material, a pessoa destrói-se a si mesma como aos outros.

356. As ervas daninhas (*dosā*) destroem os campos. As paixões daninhas destroem o homem. Logo, fazer oferendas àqueles que não têm paixão traz um abundante fruto.

357. As ervas daninhas (*dosā*) destroem os campos. O ódio daninho destrói o homem. Logo, fazer oferendas àqueles que não têm paixão traz um abundante fruto.

358. As ervas daninhas (*dosā*) destroem os campos. A ilusão daninha destrói o homem. Logo, fazer oferendas àqueles que não têm ilusões traz um abundante fruto.

359. As ervas daninhas (*dosā*) destroem os campos. O desejo daninho destrói o homem. Logo, fazer oferendas àqueles que não têm desejo traz um abundante fruto.

XXV

O *BHIKKHU*

भिक्खुवग्गो पञ्चवीसतिमो

Bhikkhuvaggo Pañcavīsatimo

चक्खुना संवरो साधु साधु सोतेन संवरो।
घानेन संवरो साधु साधु जिव्हाय संवरो ॥३६०॥

Cakkhunā saṁvaro sādhu, sādhu sotena saṁvaro |
ghāṇena saṁvaro sādhu, sādhu jivhāya saṁvaro || 360 ||

कायेन संवरो साधु साधु वाचाय संवरो।
मनसा संवरो साधु साधु सब्बत्थ संवरो।
सब्बत्थ संवुतो भिक्खु सब्बदुक्खा पमुच्चति ॥३६१॥

Kāyena saṁvaro sādhu sādhu vācāya saṁvaro |
manasā saṁvaro sādhu sādhu sabbattha saṁvaro |
sabbattha saṁvuto bhikkhu sabbadukkhā pamuccati || 361 ||

हत्थसंयतो पादसंयतो वाचाय संयतो संयतुत्तमो।
अज्झत्तरतो समाहितो एको सन्तुसितो तमाहु भिक्खुं ॥३६२॥

Hatthasaṁyato pādasaṁyato vācāya saṁyato saṁyatuttamo |
ajjhattarato samāhito eko santusito: tam-āhu bhikkhuṁ || 362 ||

यो मुखसंयतो भिक्खु मन्तभाणी अनुद्धतो।
अत्थं धम्मञ्च दीपेति मधुरं तस्स भासितं ॥३६३॥

Yo mukhasaṁyato bhikkhu, mantabhāṇī anuddhato |
atthaṁ Dhammañ-ca dīpeti madhuraṁ tassa bhāsitaṁ || 363 ||

धम्मारामो धम्मरतो धम्मं अनुविचिन्तयं।
धम्मं अनुस्सरं भिक्खु सद्धम्मा न परिहायति ॥३६४॥

Dhammārāmo Dhammarato Dhammaṁ anuvicintayaṁ |
Dhammaṁ anussaraṁ bhikkhu Saddhammā na parihāyati || 364 ||

360. O controle da visão é bom, assim como o controle da audição. O controle do olfato é bom assim como é bom o controle da fala.

361. Controlar o corpo é bom, e bom é controlar a palavra. Controlar a mente é bom e bom é ter controle em todas as coisas. O *Bhikkhu* que tem autocontrole em todos os aspectos está livre de todo o sofrimento.

362. O controle da mão, o controle do pé, o controle da palavra e o controle em sua mais elevada característica, com alegria interior, a mente firme, solitário e satisfeito – a esse chama-se um *Bhikkhu*.

363. O *Bhikkhu* que controla a língua profere sábias palavras e é equilibrado, que esclarece o sentido das coisas e é doce, em verdade ele tem o dom da palavra.

364. O *Bhikkhu* que vive com o *Dhamma*, que o glorifica, que medita nele, que o segue sempre, esse nunca se desfia do verdadeiro *Dhamma*.

सलाभं नातिमञ्ञेय्य नाञ्ञेसं पिहयं चरे।
अञ्ञेसं पिहयं भिक्खु समाधिं नाधिगच्छति ॥३६५॥

Salābhaṁ nātimaññeyya nāññesaṁ pihayaṁ care |
aññesaṁ pihayaṁ bhikkhu samādhiṁ nādhigacchati || 365 ||

अप्पलाभो पि चे भिक्खु सलाभं नातिमञ्ञति।
तं वे देवा पसंसन्ति सुद्धाजीविं अतन्दितं ॥३६६॥

Appalābho pi ce bhikkhu salābhaṁ nātimaññati |
taṁ ve devā pasaṁsanti suddhājīviṁ atanditaṁ || 366 ||

सब्बसो नामरूपस्मिं यस्स नत्थि ममायितं।
असता च न सोचति स वे भिक्खू ति वुच्चति ॥३६७॥

Sabbaso nāmarūpasmiṁ yassa natthi mamāyitaṁ |
asatā ca na socati sa ve bhikkhū ti vuccati || 367 ||

मेत्ताविहारी यो भिक्खु पसन्नो बुद्धसासने।
अधिगच्छे पदं सन्तं सङ्खारूपसमं सुखं ॥३६८॥

Mettāvihārī yo bhikkhu pasanno Buddhasāsane |
adhigacche padaṁ santaṁ saṅkhārūpasamaṁ sukhaṁ || 368 ||

सिञ्च भिक्खु इमं नावं सित्ता ते लहुमेस्सति।
छेत्वा रागञ्च दोसञ्च ततो निब्बानमेहिसि ॥३६९॥

Siñca bhikkhu imaṁ nāvaṁ sittā te lahum-essati |
chetvā rāgañ-ca dosañ-ca tato Nibbānam-ehisi || 369 ||

पञ्च छिन्दे पञ्च जहे पञ्च चुत्तरिभावये।
पञ्च सङ्गातिगो भिक्खु ओघतिण्णो ति वुच्चति ॥३७०॥

Pañca chinde pañca jahe pañca cuttaribhāvaye |
pañca saṅgātigo bhikkhu oghatiṇṇo ti vuccati || 370 ||

365. Não se deve menosprezar o que se recebeu, nem viver invejando os outros. Um *Bhikkhu* que inveja os outros não adquire firmeza de mente na meditação.

366. Mesmo que um *Bhikkhu* tenha recebido pouco, se não o menosprezar, os *Devas* o elogiarão, a ele que tem uma vida pura e que não é indolente.

367. Aquele que não dá importância ao nome e à forma, e que não se aflige com o que realmente não existe – a esse chama-se um *Bhikkhu*.

368. O *Bhikkhu* que vive cheio de boa vontade e que se compraz na doutrina de *Buddha* atingirá o estado de paz e felicidade, que é a dissolução dos elementos da existência.

369. Esvazia este barco, *Bhikkhu*. Vazio navegará mais leve. Quando tiveres eliminado o desejo e o ódio, atingirás o *Nibbāna*.

370. Desliga-te dos cinco, renuncia aos cinco, e então desenvolve os cinco. Aquele que transcendeu os cinco grilhões é chamado um *Bhikkhu* porque "atravessou a corrente".

झाय भिक्खु मा च पमादो मा ते कामगुणे भमस्सु चित्तं।
मा लोहगुळं गिली पमत्तो मा कन्दि दुक्खमिदन्ति डय्हमानो ॥३७१॥

Jhāya bhikkhu mā ca pāmado mā te kāmaguṇe bhamassu cittaṁ |
mā lohaguḷaṁ gilī pamatto mā kandi Dukkham-idan-ti ḍayhamāno || 371 ||

नत्थि झानं अपञ्ञस्स पञ्ञा नत्थि अझायतो।
यम्हि झानञ्च पञ्ञा च स वे निब्बानसन्तिके ॥३७२॥

Natthi jhānaṁ apaññassa paññā natthi ajhāyato |
yamhi jhānañ-ca paññā ca sa ve Nibbānasantike || 372 ||

सुञ्ञागारं पविट्ठस्स सन्तचित्तस्स भिक्खुनो।
अमानुसी रति होति सम्मा धम्मं विपस्सतो ॥३७३॥

Suññāgāraṁ paviṭṭhassa santacittassa bhikkhuno |
amānusī ratī hoti sammā Dhammaṁ vipassato || 373 ||

यतो यतो सम्मसति खन्धानं उदयब्बयं।
लभती पीतिपामोज्जं अमतं तं विजानतं ॥३७४॥

Yato yato sammasati khandhānaṁ udayabbayaṁ |
labhatī pītipāmojjaṁ, amataṁ taṁ vijānataṁ || 374 ||

तत्रायमादि भवति इध पञ्ञस्स भिक्खुनो।
इन्द्रियगुत्ति सन्तुट्ठि पातिमोक्खे च संवरो ॥३७५॥

Tatrāyam-ādi bhavati idha paññassa bhikkhuno |
indriyagutti santuṭṭhi pātimokkhe ca saṁvaro || 375 ||

371. Medita, *Bhikkhu*, não sejas descuidado, não deixes tua mente deleitar-se com os sentidos. Não tenhas de engolir um tição de ferro por seres negligente. Se te queimares (não digas depois) que "isto é sofrimento".

372. Não há meditação (*jhāna*) sem sabedoria, nem sabedoria (*paññā*) sem meditação. Aquele em quem existe meditação e sabedoria está verdadeiramente próximo do *Nibbāna*.

373. O *Bhikkhu* que se tenha retirado para um lugar solitário, que tenha apaziguado a mente, que tenha entendido perfeitamente o *Dhamma*, esse experimenta uma felicidade sobre-humana.

374. Aquele que está sempre vigilante sobre a origem e o fim dos elementos (*khandha*) que constituem a existência experimenta alegria e êxtase, sendo (isto) a imortalidade (*amata*) daqueles que sabem.

375. Eis os princípios para um *Bhikkhu* que é sábio: controle dos sentidos (*indriya*), contentamento (*santuṭṭhi*), disciplina de acordo com as regras da Ordem e fazer amizade com aqueles que são puros e não indolentes.

मित्ते भजस्सु कल्याणे सुद्धाजीवे अतन्दिते।
पटिसन्थारवुत्यस्स आचारकुसलो सिया।
ततो पामोज्जबहुलो दुक्खस्सन्तं करिस्सति॥३७६॥

Mitte bhajassu kalyāṇe suddhājīve atandite |
paṭisanthāravuttassa ācārakusalo siyā |
tato pāmojjabahulo, dukkhassantaṁ karissati || 376 ||

वस्सिका विय पुप्फानि मद्दवानि पमुञ्चति।
एवं रागञ्च दोसञ्च विप्पमुञ्चेथ भिक्खवो॥३७७॥

Vassikā viya pupphāni maddavāni pamuñcati |
evaṁ rāgañ-ca dosañ-ca vippamuñcetha bhikkhavo || 377 ||

सन्तकायो सन्तवाचो सन्तवा सुसमाहितो।
वन्तलोकामिसो भिक्खु उपसन्तो ति वुच्चति॥३७८॥

Santakāyo santavāco santavā susamāhito |
vantalokāmiso bhikkhu upasanto ti vuccati || 378 ||

अत्तना चोदयत्तानं पटिमासेत्तमत्तना।
सो अत्तगुत्तो सतिमा सुखं भिक्खु विहाहिसि॥३७९॥

Attanā codayattānaṁ paṭimāsettam-attanā |
so attagutto satimā sukhaṁ bhikkhu vihāhisi || 379 ||

अत्ता हि अत्तनो नाथो अत्ता हि अत्तनो गति।
तस्मा संयमयत्तानं अस्सं भद्रं व वाणिजो॥३८०॥

Attā hi attano nātho attā hi attano gati |
tasmā saṁyamayattānaṁ assaṁ bhadraṁ va vāṇijo || 380 ||

376. Deve ser (ainda) hospitaleiro e amigável em sua conduta, pois assim, cheio de alegria, terminará com o sofrimento.

377. Do mesmo modo como do jasmim caem as folhas secas, assim vós *Bhikkhus* deveríeis libertar-vos da paixão e do ódio.

378. Diz-se que o *Bhikkhu* é tranquilo quando tem o corpo apaziguado, uma voz calma e uma mente pacífica, quando é ponderado nas decisões e renunciou às atrações do mundo.

379. Elevai-vos através do vosso eu (*atta*), controlai-vos através do vosso eu. Estando protegidos e atentos, *Bhikkhus*, vós vivereis felizes.

380. Pois o eu é na verdade nossa proteção. O eu é em verdade nosso destino. Portanto treina-te como um mercador inteligente treina um cavalo puro-sangue.

पामोज्जबहुलो भिक्खु पसन्नो बुद्धसासने।
अधिगच्छे पदं सन्तं सङ्खारूपसमं सुखं॥३८१॥

Pāmojjabahulo bhikkhu pasanno Buddhasāsane |
adhigacche padaṁ santaṁ saṅkhārūpasamaṁ sukhaṁ || 381 ||

यो हवे दहरो भिक्खु युञ्जति बुद्धसासने।
सो इमं लोकं पभासेति अब्भा मुत्तो व चन्दिमा॥३८२॥

Yo have daharo bhikkhu yuñjati Buddhasāsane |
so imaṁ lokaṁ pabhāseti abbhā mutto va candimā || 382 ||

381. O *Bhikkhu* que tem grande alegria e fé nos ensinamentos de Buda atingirá o estado de paz (*Nibbāna*), a dissolução dos elementos da existência.

382. Quando um *Bhikkhu*, mesmo sendo novo, pratica os ensinamentos de Buda, lança luz sobre o mundo como a lua livre das nuvens.

Sūtra 360

O controle dos sentidos e a forma imediata de se controlar a mente, os pensamentos e a conduta.

Sūtra 370

Os cinco grilhões são: luxúria, ódio, ilusão, orgulho e pensamento errado (especulativo ou falso testemunho).

Sūtras 371-372

Sobre a definição de *jhāna*, segundo o *Dharma* búdico, optamos por transcrever a tradução do comentário integral da edição francesa realizada em 1993 pelo Centre d'Etudes Dharmiques de Gretz. Este termo foi transliterado para o chinês como *ch'na* e em japonês por *zen*. Estes versos são muito importantes, pois estabelecem a ligação entre *paññā* (*prajñā*), o Conhecimento transcendente, e os *jhāna*. Esses *jhāna* são oito: quatro da forma sutil e quatro sem forma, assim designados por suas características fenomênicas, pois no *Dharma* de Buda o sem forma é de ordem fenomênica. Esse fenomênico torna-se cada vez mais sutil do primeiro ao oitavo, e é por isso que eles são uma excelente preparação à realização do transfenomênico. Os *jhāna* são estados de consciência sublimada, e apresentamos a seguir uma passagem do *sutta* sobre os frutos da vida sem lar, que descreve muito bem os quatro primeiros *jhāna*. Simplificamos o texto para tornar sua leitura mais fácil:

> E assim realizado no nobre corpo os preceitos éticos, realizado no nobre controle dos órgãos dos sentidos, realizado na nobre vigilância, realizado na nobre satisfação, ele procura um lugar afastado onde ficar, ao pé duma árvore na floresta, num recanto montanhoso, numa gruta, num cemitério, no coração da selva, ou num monte de palha ao ar livre... E ele senta-se, com as pernas cruzadas, o corpo direito e a vigilância fixa à frente (quer dizer, tendo consciência de si, a vigilância desperta, sem torpor nem distração).

A supressão dos cinco obstáculos:

1. Rejeitando a luxúria do mundo, ele vive com um coração (*citta*) livre de luxúria.

2. Rejeitando a agressividade (a malevolência), ele vive benevolente, cheio de amizade e de compaixão para com toda a vida, ele purifica seu coração da malevolência.

3. Rejeitando o torpor e a lassidão, ele vive vigilante e alerta, luminoso, composto, claramente consciente, purifica seu coração do torpor e da lassidão.

4. Rejeitando a agitação e as perlocuções, ele vive composto, interiormente pacificado, ele purifica seu coração da agitação e da preocupação.

5. Rejeitando a dúvida (estéril), ele vive livre da dúvida. Não colocando mais questões sobre o que é lucrativo, ele purifica seu coração da dúvida (estéril).

E percebendo bem que esses cinco obstáculos desaparecem nele, uma grande alegria (*pāmojja*) eleva-se, e dessa grande alegria nasce o êxtase (*pīti*). Estando consolado, seu corpo fica tranquilo (*passadhi*) e, com o corpo tranquilo, ele experimenta a felicidade e, por meio dessa felicidade, o seu coração chega à concentração.

O primeiro *jhāna*. Então separado dos desejos e dos estados desfavoráveis, e exercitando: (1) a atenção inicial, (2) a atenção sustentada (3) no êxtase, (4) a felicidade, que nascem da (5) concentração, ele chega ao primeiro *jhāna* e aí vive, e o seu corpo-e-psique, ele satura-o, enche-o e penetra-o com esse êxtase e essa felicidade, de tal maneira que não há uma única parte do seu corpo-e-psique que não seja penetrada de êxtase e de felicidade, nascidos do desapego.[13]

O segundo *jhāna*. Então, acalmando a atenção inicial e a atenção sustentada, pela quietude interior, o coração fica unificado, sem atenção inicial e sem atenção sustentada, no êxtase e na felicidade nascidos da concentração, o *Bhikkhu* atinge o segundo *jhāna*, vive aí, e o seu corpo-e-psique (...) o penetra com o êxtase e com a felicidade, e não há uma única parte do seu corpo-e-psique que não seja penetrada de êxtase e de felicidade, nascidos da concentração.

O terceiro *jhāna*. E mais, consolado, livre do desejo, sereno, o *Bhikkhu* vive vigilante, claramente consciente e no seu corpo-e-psique prova esta

13. Os termos numerados de 1 a 5 são a "causa dos *jhāna*".

felicidade que os *Aryas* dizem: "O homem cujo coração está vigilante e sereno vive em felicidade.". Ele espera assim o terceiro *jhāna* e aí vive, e o seu corpo-e-psique (...).

O quarto *jhāna*. E mais, a felicidade (*sukha*) e a infelicidade (*dukkha*) sendo abandonadas pela inconsciência de todas as alegrias e intranquilidades do passado, sem felicidade, sem infortúnio, em pura vigilância e quietude, ele atinge o quarto *jhāna* e aí vive. Ele fica, então, aí, e envolve o seu corpo em um coração limpo e purificado.

Estes quatro *jhānas* aproximam-se de uma tranquilidade do psicofisiológico, da psique e do corpo. Essa tranquilidade, no quarto *jhāna*, permite, por "projeção" do coração, exercer os "conhecimentos", tais como: conhecimento da psique e do corpo, construção de um corpo feito do mental, de "poderes", tais como levitação, materialização, desmaterialização, clauriaudição, conhecimento do coração dos outros, memória de vidas anteriores, conhecimento dos "destinos" e dos *karmas*, conhecimento dos renascimentos e, finalmente, o mais importante, o desaparecimento das pulsões inconscientes e o conhecimento das Quatro Essências, seguindo a fórmula estereotipada: "Com seu coração (*citta*) composto, totalmente purificado, limpo, sem manchas, sem impurezas, flexível, maleável, impassível, ele projeta (dirige) o seu coração até (...).".

Os quatro *jhāna* do mundo sem forma definem-se assim:

1. Pela total mestria das noções de forma (os *jhāna* da forma sutil) e da ideia de "espaço ilimitado", ele atinge a esfera do espaço ilimitado e aí vive.

2. Pela total mestria da esfera do espaço ilimitado e da ideia de "ilimitado e consciência", ele atinge a esfera da consciência ilimitada e aí vive.

3. Pela total mestria da esfera da consciência ilimitada e da ideia de "Nada é", ele atinge a esfera do "Nada é" e aí vive.

4. Pela total mestria da esfera do "Nada é", ele atinge a esfera da não noção e da ausência de noção e aí vive.

Enfim, os *jhāna* culminam no estado de *nirodha*, que é a cessação quase completa das atividades do corpo e da psique; subsiste apenas o *prāna*, que permite, mas somente por sete dias, voltar à atividade normal, pois após sete dias ocorre a morte. *Nirodha* não deve ser tomado por *Nirvāṇa*, mas a uma tal prefiguração ao experimentar-se *nirodha* diz-se "tocar o *Nirvāṇa* com o corpo".

Sūtra 379

Atta (sâns. *ātma*) a alma, pessoa. Vide *Sūtra* 279.

XXVI
O *BRÂMANE*

ब्राह्मणवग्गो छब्बीसतिमो

Brāhmaṇavaggo Chabbīsatimo

छिन्द सोतं परक्कम्म कामे पनुद ब्राह्मण।
सङ्खारानं खयं ञत्वा अकतञ्ञूसि ब्राह्मण॥३८३॥

Chinda sotaṁ parakkamma kāme panuda, brāhmaṇa |
saṅkhārānaṁ khayaṁ ñatvā akataññūsi brāhmaṇa || 383 ||

यदा द्वयेसु धम्मेसु पारगू होति ब्राह्मणो।
अथस्स सब्बे संयोगा अत्थं गच्छन्ति जानतो॥३८४॥

Yadā dvayesu dhammesu pāragū hoti brāhmaṇo |
athassa sabbe saṁyogā atthaṁ gacchanti jānato || 384 ||

यस्स पारं अपारं वा पारापारं न विज्जति।
वीतद्दरं विसंयुत्तं तमहं ब्रूमि ब्राह्मणं॥३८५॥

Yassa pāraṁ apāraṁ vā pārāpāraṁ na vijjati |
vītaddaraṁ visaṁyuttaṁ tam-ahaṁ brūmi brāhmaṇaṁ || 385 ||

झायिं विरजमासीनं कतकिच्चमनासवं।
उत्तमत्थमनुप्पत्तं तमहं ब्रूमि ब्राह्मणं॥३८६॥

Jhāyiṁ virajam-āsīnaṁ katakiccaṁ anāsavaṁ |
uttamatthaṁ anuppattaṁ tam-ahaṁ brūmi brāhmaṇaṁ || 386 ||

दिवा तपति आदिच्चो रत्तिमाभाति चन्दिमा।
सन्नद्धो खत्तियो तपति झायी तपति ब्राह्मणो।
अथ सब्बमहोरत्तिं बुद्धो तपति तेजसा॥३८७॥

Divā tapati ādicco rattiṁ ābhāti candimā |
sannaddho khattiyo tapati jhāyī tapati brāhmaṇo |
atha sabbam-ahorattiṁ Buddho tapati tejasā || 387 ||

383. Luta contra a corrente e liberta-te dos prazeres, Ó *Brâmane*! Quando tiveres compreendido o segredo daquilo de que todas as coisas são feitas (*saṅkhāra*), Ó *Brâmane*, então conhecerás o incriado (*Nibbāna*).

384. Quando o *Brâmane* tiver chegado à outra margem dos dois estados, então todos os grilhões do conhecimento desaparecerão.

385. Aquele para quem não existe nem o mais longe, nem o mais perto, nem estes dois, e que está livre do medo e dos grilhões – a esse eu chamo um *Brâmane*.

386. Aquele que medita, que vive sem paixões, que é firme e que cumpriu seus deveres, que não tem pensamentos sensuais e que atingiu o mais alto objetivo – a esse eu chamo um *Brâmane*.

387. O sol brilha de dia, a lua, de noite. O guerreiro armado é resplandecente e o *Brâmane* é brilhante na meditação. Mas o *Buddha*, o Liberto, ilumina quer o dia quer a noite com o esplendor de sua sabedoria.

बाहितपापो ति ब्राह्मणो समचरि या समणो ति वुच्चति।
पब्बाजयमत्तनो मलं तस्मा पब्बजितो ति वुच्चति॥३८८॥

Bāhitapāpo ti brāhmaṇo samacari yā samaṇo ti vuccati |
pabbājayam-attano malaṁ tasmā pabbajito ti vuccati || 388 ||

न ब्राह्मणस्स पह रेय्य नास्स मुञ्चेथ ब्राह्मणो।
धी ब्राह्मणस्स हन्तारं ततो धी यस्स मुञ्चति॥३८९॥

Na brāhmaṇassa paha reyya nāssa muñcetha brāhmaṇo |
dhī brāhmaṇassa hantāraṁ tato dhī yassa muñcati || 389 ||

न ब्राह्मणस्सेतदकिञ्चि सेय्यो यदा निसेधो मनसो पियेहि।
यतो यतो हिंसमनो निवत्तति ततो ततो सम्मतिमेव दुक्खं॥३९०॥

Na brāhmaṇassetad-akiñci seyyo yadā nisedho manaso piyehi |
yato yato hiṁsamano nivattati tato tato sammatim-eva dukkhaṁ || 390 ||

यस्स कायेन वाचाय मनसा नत्थि दुक्कटं।
संवुतं तीहि ठानेहि तमहं ब्रूमि ब्राह्मणं॥३९१॥

Yassa kāyena vācāya manasā natthi dukkataṁ |
saṁvutaṁ tīhi ṭhānehi tam-ahaṁ brūmi brāhmaṇaṁ || 391 ||

यम्हा धम्मं विजानेय्य सम्मासम्बुद्धदेसितं।
सक्कच्चं तं नमस्सेय्य अग्गिहुत्तं व ब्राह्मणो॥३९२॥

Yamhā Dhammaṁ vijāneyya Sammāsambuddhadesitaṁ |
sakkaccaṁ taṁ namasseyya aggihuttaṁ va brāhmaṇo || 392 ||

न जटाहि न गोत्तेन न जच्चा होति ब्राह्मणो।
यम्हि सच्चञ्च धम्मो च सो सुची सो च ब्राह्मणो॥३९३॥

Na jaṭāhi na gottena na jaccā hoti brāhmaṇo |
yamhi saccañ-ca Dhammo ca so sucī so va brāhmaṇo || 393 ||

388. Um *Brâmane* é assim chamado porque se libertou de todo o mal. Porque tem um comportamento equilibrado, é chamado um *Samaṇa* (asceta). Porque se libertou de todas as imperfeições, é chamado um eremita (*pabbajita*).

389. Não se deveria atacar um *Brâmane*, nem um *Brâmane* deveria permitir a ira contra quem o ataca. É uma vergonha quando alguém maltrata um *Brâmane*, mas mais vergonhoso é o *Brâmane* que liberta sua ira.

390. Para um *Brâmane*, evitar a vingança não é uma pequena vantagem. Quando a mente se desliga das coisas valiosas e termina a intenção de magoar, só então o sofrimento se acalma.

391. Aquele que não pratica o mal com o corpo, com a palavra ou com a mente, aquele que tem controle nessas três maneiras – a esse eu chamo um *Brâmane*.

392. Tal como um *Brâmane* (védico) reverencia o fogo sagrado (*aggihutta*), também se deveria obedecer aquele que entende o *Dhamma*, tal como disse o Buda.

393. Não é por se ter o cabelo entrançado, nem por nascimento (casta), que alguém se torna um *Brâmane*. Mas naquele em que mora a verdade e a retidão, esse é puro e é um *Brâmane*.

किं ते जटाहि दुम्मेध किं ते अजिनसाटिया।
अब्भन्तरं ते गहनं बाहिरं परिमज्जसि ॥३९४॥

Kiṁ te jaṭāhi dummedha kiṁ te ajinasāṭiyā |
Abbhantaraṁ te gahanaṁ bāhiraṁ parimajjasi || 394 ||

पंसुकूलधरं जन्तुं किसं धमनिसन्थतं।
एकं वनस्मिं झायन्तं तमहं ब्रूमि ब्राह्मणं ॥३९५॥

Paṁsukūladharaṁ jantuṁ kisaṁ dhamanisanthataṁ |
ekaṁ vanasmiṁ jhāyantaṁ tam-ahaṁ brūmi brāhmaṇaṁ || 395 ||

न चाहं ब्राह्मणं ब्रूमि योनिजं मत्तिसम्भवं।
भोवादि नाम सो होति सचे होति सकिञ्चनो।
अकिञ्चनं अनादानं तमहं ब्रूमि ब्राह्मणं ॥३९६॥

Na cāhaṁ brāhmaṇaṁ brūmi yonijaṁ mattisambhavaṁ |
bhovādī nāma so hoti sace hoti sakiñcano |
akiñcanaṁ anādānaṁ tam-ahaṁ brūmi brāhmaṇaṁ || 396 ||

सब्बसंयोजनं छेत्वा यो वे न परितस्सति।
सङ्गातिगं विसंयुत्तं तमहं ब्रूमि ब्राह्मणं ॥३९७॥

Sabbasaṁyojanaṁ chetvā yo ve na paritassati |
saṅgātigaṁ visaṁyuttaṁ tam-ahaṁ brūmi brāhmaṇaṁ || 397 ||

छेत्वा नद्धिं वरत्तञ्च सन्दानं सहनुक्कमं।
उक्खित्तपलिघं बुद्धं तमहं ब्रूमि ब्राह्मणं ॥३९८॥

Chetvā naddhiṁ varattañ-ca sandānaṁ sahanukkamaṁ |
ukkhittapalighaṁ buddhaṁ tam-ahaṁ brūmi brāhmaṇaṁ || 398 ||

394. Para que serve o cabelo entrançado, ó insensato, e para que essa vestimenta em pele de antílope? Interiormente vós estais cheios (de paixões) e exteriormente vós vos embelezais.

395. Aquele que se veste de trapos, que é magro, que tem as veias salientes, que vive só e medita na floresta – a esse eu chamo um *Brâmane*.

396. Não o chamo de *Brâmane* só porque nasceu de uma mãe (*Brâmane*). Ele é meramente um *Bhovādi* se manteve os obstáculos. Mas aquele que se libertou das atrações e dos obstáculos – a esse eu chamo um *Brâmane*.

397. Aquele que cortou todos os grilhões, aquele que não vacila, mas que está para além dos limites, aquele que se libertou – a esse eu chamo um *Brâmane*.

398. O iluminado que cortou a soga (o ódio), a corda (o desejo) e os grilhões (as heresias) com seus elos (tendências latentes) e que se libertou da barra (a ignorância) – a esse eu chamo um *Brâmane*.

अक्कोसं वधबन्धञ्च अदुट्ठो यो तितिक्खति।
खन्तीबलं बलानीकं तमहं ब्रूमि ब्राह्मणं॥३९९॥

Akkosaṁ vadhabandhañ-ca aduṭṭho yo titikkhati |
khantībalaṁ balānīkaṁ | tam-ahaṁ brūmi brāhmaṇaṁ || 399 ||

अक्कोधनं वतवन्तं सीलवन्तं अनुस्सदं।
दन्तं अन्तिमसारीरं तमहं ब्रूमि ब्राह्मणं॥४००॥

Akkodhanaṁ vatavantaṁ sīlavantaṁ anussutaṁ |
dantaṁ antimasārīraṁ tam-ahaṁ brūmi brāhmaṇaṁ || 400 ||

वारि पोक्खरपत्ते व आरग्गेरिव सासपो।
यो न लिम्पति कामेसु तमहं ब्रूमि ब्राह्मणं॥४०१॥

Vāri pokkharapatte va āragge-r-iva sāsapo |
yo na lippati kāmesu tam-ahaṁ brūmi brāhmaṇaṁ || 401 ||

यो दुक्खस्स पजानाति इधेव खयमत्तनो।
पन्नभारं विसंयुत्तं तमहं ब्रूमि ब्राह्मणं॥४०२॥

Yo dukkhassa pajānāti idheva khayam-attano |
pannabhāraṁ visaṁyuttaṁ tam-ahaṁ brūmi brāhmaṇaṁ || 402 ||

गम्भीरपञ्ञं मेधाविं मग्गामग्गस्स कोविदं।
उत्तमत्थमनुप्पत्तं तमहं ब्रूमि ब्राह्मणं॥४०३॥

Gambhīrapaññaṁ medhāviṁ maggāmaggassa kovidaṁ |
uttamatthaṁ anuppattaṁ tam-ahaṁ brūmi brāhmaṇaṁ || 403 ||

असंसट्ठं गहट्ठेहि अनागारेहि चूभयं।
अनोकसारिमप्पिच्छं तमहं ब्रूमि ब्राह्मणं॥४०४॥

Asaṁsaṭṭhaṁ gahaṭṭhehi anāgārehi cūbhayaṁ |
anokasāriṁ appicchaṁ tam-ahaṁ brūmi brāhmaṇaṁ || 404 ||

399. Aquele que suporta de maneira imperturbável a crítica, os maus-tratos e os castigos, que é paciente e que se fortalece – a esse eu chamo um *Brâmane.*

400. Aquele que não tem raiva, que é virtuoso, livre de desejos, disciplinado, e que está em seu último corpo – a esse eu chamo um *Brâmane.*

401. Aquele que é como a gota de água em uma folha de lótus, como uma semente de mostarda na ponta de um alfinete, e que não está ligado aos desejos – a esse eu chamo um *Brâmane.*

402. Aquele que viveu o fim de seu sofrimento nesta vida, que pôs de lado o fardo (*skandhas*) e que está livre dos desejos – a esse eu chamo um *Brâmane.*

403. O grande sábio (*medhāvi*), perito no conhecimento e em discernir o caminho certo do errado, que atingiu o supremo objetivo – a esse eu chamo um *Brâmane.*

404. Aquele que não se relaciona com chefes de família nem com religiosos mendicantes, que não frequenta casas e que está feliz com poucos bens – a esse eu chamo um *Brâmane.*

निधाय दण्डं भूतेसु तसेसु थावरेसु च।
यो न हन्ति न घातेति तमहं ब्रूमि ब्राह्मणं॥४०५॥

Nidhāya daṇḍaṁ bhūtesu tasesu thāvaresu ca |
yo na hanti na ghāteti tam-ahaṁ brūmi brāhmaṇaṁ || 405 ||

अविरुद्धं विरुद्धेसु अत्तदण्डेसु निब्बुतं।
सादानेसु अनादानं तमहं ब्रूमि ब्राह्मणं॥४०६॥

Aviruddhaṁ viruddhesu attadaṇḍesu nibbutaṁ |
sādānesu anādānaṁ tam-ahaṁ brūmi brāhmaṇaṁ || 406 ||

यस्स रागो च दोसो च मानो मक्खो च पातितो।
सासपोरिव आरग्गा तमहं ब्रूमि ब्राह्मणं॥४०७॥

Yassa rāgo ca doso ca māno makkho ca pātito |
sāsapo-r-iva āraggā tam-ahaṁ brūmi brāhmaṇaṁ || 407 ||

अकक्कसं विञ्ञापनिं गिरं सच्चमुदीरये।
याय नाभिसजे कञ्चि तमहं ब्रूमि ब्राह्मणं॥४०८॥

Akakkasaṁ viññapaniṁ giraṁ saccaṁ udīraye |
yāya nābhisaje kañci tam-ahaṁ brūmi brāhmaṇaṁ || 408 ||

योध दीघं व रस्सं वा अणुं थूलं सुभासुभं।
लोके अदिन्नं नादियति तमहं ब्रूमि ब्राह्मणं॥४०९॥

Yodha dīghaṁ va rassaṁ vā aṇuṁ-thūlaṁ subhāsubhaṁ |
loke adinnaṁ nādiyati tam-ahaṁ brūmi brāhmaṇaṁ. || 409 ||

आसा यस्स न विज्जन्ति अस्मिं लोके परम्हि च।
निरासासं विसंयुत्तं तमहं ब्रूमि ब्राह्मणं॥४१०॥

Āsā yassa na vijjanti asmiṁ loke paramhi ca |
nirāsayaṁ visaṁyuttaṁ tam-ahaṁ brūmi brāhmaṇaṁ || 410 ||

405. Aquele que deixou de molestar os fracos e os fortes, que não mata nem é causa de morte – a esse eu chamo um *Brâmane.*

406. Aquele que é tolerante entre os intolerantes, que é calmo entre os violentos, e que não é apegado entre aqueles que se apegam – a esse eu chamo um *Brâmane.*

407. Aquele em quem a luxúria e o ódio, o orgulho e a hipocrisia caíram como uma semente de mostarda da ponta de um alfinete – a esse eu chamo um *Brâmane.*

408. Aquele que gentilmente pronuncia palavras instrutivas e sábias, que não ofendem ninguém – a esse eu chamo um *Brâmane.*

409. Aquele que não leva deste mundo nenhum objeto que não lhe pertença, seja ele pequeno ou grande, curto ou longo, bonito ou feio – a esse eu chamo um *Brâmane.*

410. Aquele que não deseja este mundo nem o outro, que está livre de saudades e dos grilhões – a esse eu chamo um *Brâmane.*

यस्सालया न विज्जन्ति अञ्ञाय अकथंकथी।
अमतोगधमनुप्पत्तं तमहं ब्रूमि ब्राह्मणं ॥४११॥

*Yassālayā na vijjanti aññāya akathaṅkathī |
amatogadhaṁ anuppattaṁ tam-ahaṁ brūmi brāhmaṇaṁ || 411 ||*

योध पुञ्ञञ्च पापञ्च उभो सङ्गमुपच्चगा।
असोकं विरजं सुद्धं तमहं ब्रूमि ब्राह्मणं ॥४१२॥

*Yodha puññañ-ca pāpañ-ca ubho saṅgaṁ upaccagā |
asokaṁ virajaṁ suddhaṁ tam-ahaṁ brūmi brāhmaṇaṁ || 412 ||*

चन्दं व विमलं सुद्धं विप्पसन्नमनाविलं।
नन्दीभवपरिक्खीणं तमहं ब्रूमि ब्राह्मणं ॥४१३॥

*Candaṁ va vimalaṁ suddhaṁ vippasannam-anāvilaṁ |
nandībhavaparikkhīṇaṁ tam-ahaṁ brūmi brāhmaṇaṁ || 413 ||*

यो इमं पलिपथं दुग्गं संसारं मोहमच्चगा।
तिण्णो पारगतो झायी अनेजो अकथङ्कथी।
अनुपादाय निब्बुतो तमहं ब्रूमि ब्राह्मणं ॥४१४॥

*Yo imaṁ palipathaṁ duggaṁ saṁsāraṁ moham-accagā |
tiṇṇo pāragato jhāyī anejo akathaṅkathī |
anupādāya nibbuto tam-ahaṁ brūmi brāhmaṇaṁ || 414 ||*

योध कामे पहन्त्वान अनागारो परिब्बजे।
कामभवपरिक्खीणं तमहं ब्रूमि ब्राह्मणं ॥४१५॥

*Yodha kāme pahatvāna anāgāro paribbaje |
kāmabhavaparikkhīṇaṁ tam-ahaṁ brūmi brāhmaṇaṁ || 415 ||*

411. Aquele que não tem desejo, que através do Conhecimento está livre das dúvidas e que mergulhou na imortalidade (*amata*) – a esse eu chamo um *Brâmane*.

412. Aquele que transcendeu os limites do bem e do mal, que não se lamenta, que está livre das paixões e que é puro – a esse eu chamo um *Brâmane*.

413. Aquele que não tem manchas como a lua, que é puro, sereno e tranquilo, que destruiu o desejo de existir – a esse eu chamo um *Brâmane*.

414. Aquele que atravessou o pântano do *Saṁsāra*, tão difícil de passar, que se livrou da ilusão, que atravessou e chegou à outra margem, que está absorto em contemplação, livre de desejos e de dúvidas, que está em paz e não se deixa atrair por nada – a esse eu chamo um *Brâmane*.

415. Aquele que neste momento abandonou todos os prazeres sensuais, que vagueia como um vagabundo e que destruiu todo o desejo (*kāma*) pela existência – a esse eu chamo um *Brâmane*.

योध तण्हं पहन्त्वान अनागारो परिब्बजे।
तण्हाभवपरिक्खीणं तमहं ब्रूमि ब्राह्मणं॥४१६॥

Yodha taṇhaṁ pahatvāna anāgāro paribbaje |
taṇhābhavaparikkhīṇaṁ tam-ahaṁ brūmi brāhmaṇaṁ || 416 ||

हित्वा मानुसकं योगं दिब्बं योगं उपच्चगा।
सब्बयोगविसंयुत्तं तमहं ब्रूमि ब्राह्मणं॥४१७॥

Hitvā mānusakaṁ yogaṁ dibbaṁ yogaṁ upaccagā |
sabbayogavisaṁyuttaṁ tam-ahaṁ brūmi brāhmaṇaṁ || 417 ||

हित्वा रतिञ्च अरतिञ्च सीतिभूतं निरूपधिं।
सब्बलोकाभिभुं वीरं तमहं ब्रूमि ब्राह्मणं॥४१८॥

Hitvā ratiñ-ca aratiñ-ca sītibhūtaṁ nirūpadhiṁ |
sabbalokābhibhuṁ vīraṁ tam-ahaṁ brūmi brāhmaṇaṁ || 418 ||

चुतिं यो वेदि सत्तानं उपपत्तिञ्च सब्बसो।
असत्तं सुगतं बुद्धं तमहं ब्रूमि ब्राह्मणं॥४१९॥

Cutiṁ yo vedi sattānaṁ upapattiñ-ca sabbaso |
asattaṁ sugataṁ buddhaṁ tam-ahaṁ brūmi brāhmaṇaṁ || 419 ||

यस्स गतिं न जानन्ति देवा गन्धब्बमानुसा।
खीणासवं अरहन्तं तमहं ब्रूमि ब्राह्मणं॥४२०॥

Yassa gatiṁ na jānanti devā gandhabbamānusā |
khīṇāsavaṁ Arahantaṁ tam-ahaṁ brūmi brāhmaṇaṁ || 420 ||

416. Aquele que neste mundo eliminou todo o desejo, que vagueia como um vagabundo, e que aboliu a sede (*taṇhā*) pela existência – a esse eu chamo um *Brâmane.*

417. Aquele que abandonou todos os laços humanos e que até transcendeu os laços divinos, que está verdadeiramente livre de todos os apegos – a esse eu chamo um *Brâmane.*

418. Aquele que abandonou os gostos e os desgostos, que é desapegado e já não questiona (*nirūpadhi*), o herói que conquistou todos os mundos – a esse eu chamo um *Brâmane.*

419. Aquele que tem todo o conhecimento sobre a morte e o renascimento de todos os seres, que é intocável, que está feliz consigo mesmo (*sugata*) e é um Buda – a esse eu chamo um *Brâmane.*

420. Aquele cujo caminho é desconhecido dos *Devas*, dos *Gandhabbas* e dos homens, que neutralizou todos os impulsos sexuais e que é um *Arahat* – a esse eu chamo um *Brâmane.*

यस्स पुरे च पच्छा च मज्झे च नत्थि किञ्चनं।
अकिञ्चनं अनादानं तमहं ब्रूमि ब्राह्मणं॥४२१॥

Yassa pure ca pacchā ca majjhe ca natthi kiñcanaṁ |
akiñcanaṁ anādānaṁ tam-ahaṁ brūmi brāhmaṇaṁ || 421 ||

उसभं पवरं वीरं महेसिं विजिताविनं।
अनेजं न्हातकं बुद्धं तमहं ब्रूमि ब्राह्मणं॥४२२॥

Usabhaṁ pavaraṁ vīraṁ mahesiṁ vijitāvinaṁ |
anejaṁ nhātakaṁ buddhaṁ tam-ahaṁ brūmi brāhmaṇaṁ || 422 ||

पुब्बेनिवासं यो वेदि सग्गापायञ्च पस्सति,
अथो जातिक्खयं पत्तो अभिञ्ञावोसितो मुनि।
सब्बवोसितवोसानं तमहं ब्रूमि ब्राह्मणं॥४२३॥

Pubbenivāsaṁ yo vedī saggāpāyañ-ca passati |
atho jātikkhayaṁ patto abhiññāvosito muni |
sabbavositavosānaṁ tam-ahaṁ brūmi brāhmaṇaṁ || 423 ||

421. Aquele que não deseja o futuro, nem o passado, ou o presente, que nada possui e a nada está preso – a esse eu chamo um *Brâmane.*

422. Aquele que é como um touro, como um herói, um grande sábio ou um conquistador, que tem a mente calma, límpida e desperta – a esse eu chamo um *Brâmane.*

423. Aquele que conhece suas vidas anteriores, que entende o céu e o inferno, que atingiu o fim de todos os nascimentos, que se aperfeiçoou em conhecimento, tal sábio que completou tudo e que venha a completar – a esse eu chamo um *Brâmane.*

GLOSSÁRIO PÁLI-SÂNSCRITO-PORTUGUÊS

Aggi
(sâns. *agní* अग्नि) o fogo comum; no sentido figurado, o fogo invisível que anima a vida, e também a força dos desejos.

Aggihutta
(sâns. *agníhotra* अग्निहोत्र) o fogo sagrado ou do sacrifício dos tempos védicos.

Ahiṁsā
(sâns. *ahiṁsā* अहिंसा) não agressão, uma das mais importantes virtudes entre os hindus, mas principalmente entre os budistas e os jainas.

Ahirika
(sâns. *avinīta, anibṛta* अविनीत, अनिभृत) impudente, despudorado.

Ākāsa
(sâns. *ākāśa* आकाश) o espaço acima da atmosfera, correspondente à massa de gás designada por plasma; o quarto estado da matéria; vacuidade.

Akata
(sâns. *ākāra* आकार) o incriado ou aquilo que não é manifestado; causa ou forma original de todas as coisas.

Amata
(sâns. *amṛta* अमृत) imortalidade.

Ananta
(sâns. *anantá* अनन्त) infinito, sem fim, sem fronteira.

Anattā
(sâns. *anartha* अनर्थ) sem sentido; desilusão, ilusão.

Animitta
(sâns. *nivṛtti* निवृत्ति) cessação, conclusão, limite, término.

Appamāda
(sâns. *avadhāna, apramatta* अवधान, अप्रमत्त) preocupação, vigilância.

Arahat
(sâns. *árhat* अर्हत्) aquele que se libertou da roda dos nascimentos e das mortes; no sânscrito, é sinônimo de venerável ou respeitoso.

Ariya
(sâns. *árya* अर्य) nobre, educado; no védico significa aquele que é afável, verdadeiro, honesto, que é um senhor.

Ārogya
(sâns. *ārogya* आरोग्य) saúde, sem doença.

Asāhasa
(sâns. *asāhasa* असाहस) sem violência, sem engano.

Assatara
(sâns. *áśva* अश्व) cavalo.

Atta
(sâns. *ātma* आत्म) a pessoa ou alma enquanto personalidade de valores éticos e morais.

Atula
(sâns. *atula* अतुल) sem igual, inigualável.

Ātura
(sâns. *ātura* आतुर) doença, sofrimento.

Averena
(sâns. *abhiruci* अभिरुचि) amor.

Āya
(sâns. *āyá* आय) abundância, renda, lucro.

Ayoga
(sâns. *ayoga* अयोग) falta de meditação; no sânscrito, significa a separação, a instabilidade, a impossibilidade de algo ou alguém estar junto.

Bala
(sâns. *bala* बल) força, poder, vigor.

Bāla
(sâns. *bāla* बाल) louco, imaturo, pueril.

Bhāvanā
(sâns. *bhāvanā* भावना) meditação, imaginação, concepção.

Bhaya
(sâns. *bhayá* भय) medo, alarme, ameaça.

Bhikkhu
(sâns. *bhikṣu* भिक्षु) monge; e, no sânscrito, mendicante budista.

Bhovādi
(sâns. *bhauvaná* भौवन) do mundo, mundano.

Bīrana
(sâns. *vīraṇa* वीरण) a erva fragrante *Andropogon Muricatus*.

Brahmā
(sâns. *brahmā* ब्रह्मा) o princípio criador da vida.

Brahmacārī
(sâns. *brahmacārin* ब्रह्मचारिन्) aquele que fez voto de abstinência sexual e que se dedica ao estudo dos textos sagrados.

Brāhman
(sâns. *brāhmaṇa* ब्राह्मण) aquele que atingiu o equilíbrio e a perfeição nesta vida, que é de caráter nobre (cf. *arya*); no sânscrito, indica também a casta dos sacerdotes.

Cakka
(sâns. *cakrá* चक्र) roda, ciclo, disco.

Candan
(sâns. *candana* चन्दन) a árvore do sândalo (*Sirium myrtifolium*).

Chāyā
(sâns. *chāya* छाय) sombra.

Citta
(sâns. *cittá* चित्त) mente, pensamento.

Daṇḍa
(sâns. *daṇḍa* दण्ड) castigo, punição.

Deva
(sâns. *devá* देव) divindade celeste.

Devaloka
(sâns. *devaloká* देवलोक) o mundo dos *Devas*.

Dhamma
(sâns. *dhárma* धर्म) a lei universal, o que está estabelecido, firme e irrevogável; direito, justiça, regra.

Dhammamutta(i)
(sâns. *dhármamukta* धर्ममुक्त) verdade suprema ou sublime; no sânscrito, é a verdade que liberta ou que é revelada pelos Vedas.

Dhammapīti
(sâns. *dhármapīti* धर्मपीति) a boa lei ou a lei protetora.

Dhammika(o)
(sâns. *dhármin* धर्मिन्; *dhármika* धर्मिक) aquele que é justo ou de reta razão; o conhecedor do *Dharma*.

Dhanapālaka
(sâns. *dhánapāla* धनपाल) nome de um elefante; no sânscrito, é antropônimo atribuído àquele que é tesoureiro ou guarda do selo real.

Dhīra
(sâns. *dhīra* धीर) sábio; no sânscrito, significa aquele que é firme, constante, resoluto, enérgico.

Dīpa
(sâns. *dvīpá* द्वीप) ilha; península, banco de areia.

Dosā
(sâns. *doṣa* दोष;) daninho, mau, vício, falso, deficiência.

Dukkheti
(sâns. *duḥkhá* दुःख) dor, desconforto, dificuldade, problema.

Ekarajjena
(sâns. *ekarājá* एकराज) o único rei, o monarca.

Gabbha
(sâns. *gárbha* गर्भ) útero; feto, interior de qualquer coisa.

Gandhabba
(sâns. *gandharvá* गन्धर्व) divindade celeste que habita no céu ou no ar, na região das nuvens.

Gharā
(sâns. *gṛhá* गृह) edifício, casa.

Gimhāna
(sâns. *grīṣmá* ग्रीष्म) verão, estação quente.

Gopāla
(sâns. *gopāla* गोपाल) vaqueiro.

Haṁsa
(sâns. *haṁsá* हंस) cisne, ganso.

Hemanta
(sâns. *hemantá* हेमन्त) inverno, estação fria.

Iddhi
(sâns. *siddhi* सिद्धि) poder paranormal; desenvolvimento de um dos cinco sentidos, perfeição.

Indriya
(sâns. *indriyá* इन्द्रिय) os cinco sentidos (olhos, ouvidos, nariz, língua e pele).

Isi
(sâns. *ṛṣi* ऋषि) sábio, vidente.

Jasmim
(sâns. *mallīkā* मालिका) a planta e a flor *Jasminum Zambac.*

Jaya
(sâns. *jayá* जय) vitória, conquista, triunfo.

Jhāna
(sâns. *jñāna* ज्ञान) meditação; mas, no sânscrito, é o conhecimento derivado da meditação, a consciência.

Jighacchā
(sâns. *jighatsā* जिघत्सा) ter fome ou desejo de comer.

Kāma
(sâns. *kāma* काम) sentidos; desejo, amor, afeto, prazer.

Kamma
(sâns. *karma* कर्म) ação.

Kammāra
(sâns. *karmāra* कर्मार) ferreiro.

Kaṭṭhaka
(sâns. *kaṭaka* कटक) cana, caniço, palha; no *Dhammapada* o termo é usado no sentido da palha se autodestruir quando seca, ou por ter crescido na água.

Kāsāva
(sâns. *kaṣāya* कषाय) amarelo açafrão, alaranjado.

Kāsāyavattha
(sâns. *kaṣāyavasana* कषायवसन) o manto amarelo dos monges budistas.

Kāya
(sâns. *kāya* काय) corpo físico.

Khandha
(sâns. *khaṇḍa* खण्ड) elementos, partes.

Khattiya
(sâns. *kśātriya* क्षत्रिय) a casta dos guerreiros.

Kodha
(sâns. *krodha* क्रोध) raiva.

Kuśa
(sâns. *kuśa* कुश) a erva sagrada *Poa cynosuroides.*

Loka
(sâns. *loka* लोक) mundo ou região habitada.

Macca
(sâns. *martya* मर्त्य) mortal, aquele que morre.

Maccu
(sâns. *mṛtyu* मृत्यु) morte, a morte personificada, por vezes identificada nos Vedas com *Yama* ou com *Viṣṇu.*

Maghavā
(sâns. *maghavān* मघवान्) a referência a *Indra* sob a forma de *Maghavān* decorre de suas características conhecidas no período védico e descritas no *Ṛgveda*. Sua vigilância está associada ao fato de ser um deus guerreiro, associado ao trovão e ao raio, e à capacidade de matar o "dragão" védico (*vṛtrá*) que aprisiona *pṛśni* (a "vaca celeste", usada metaforicamente para "nuvens"), impedindo-a de verter as chuvas anuais que fertilizam a terra. Assim, a chuva só cai sobre a terra no momento certo, quando *Maghavān* liberta *pṛśni*, e por isso ele tem de estar vigilante, para que não falte a água.

Mahapphala
(sâns. *mahāphala* महाफल) grande fruto, grande resultado; o resultado das ações.

Mala
(sâns. *mála* मल) impureza (física ou moral), sujidade, poeira, ferrugem (*malam*).

Māluvā
(sâns. *mālī, māluvā* माली, मालुवा) várias espécies de plantas trepadeiras, como a batata-doce.

Māna
(sâns. *māna* मान) orgulho, arrogância.

Manas
(sâns. *manas* मनस्) mente.

Mantā
(sâns. *mantra* मन्त्र) texto sagrado pronunciado de forma repetitiva.

Mānusika
(sâns. *manuṣya-ka* मनुष्य-क) ser humano, condição humana, humanidade.

Māra
(sâns. *māra* मार) o mal personificado ou o deus do amor físico e sensual; obstáculo, paixão.

Mārabandhana
(sâns. *mārabandhana* मारबन्धन) o laço de *Mārā*, ou a rede das ilusões.

Mātanga
(sâns. *mātaṁga* मातंग) o elefante selvagem.

Medhāvī
(sâns. *medhā* मेधा) sabedoria; conhecimento como essência de um esforço inteligente.

Mokkha
(sâns. *mokṣa* मोक्ष) libertação espiritual.

Muṇḍaka
(sâns. *muṇḍaka* मुण्डक) tonsura.

Muni
(sâns. *múni* मुनि) asceta, devoto, monge, sábio, vidente.

Naga
(sâns. *naga* नग) burgo, cidade.

Nāga
(sâns. *nāga* नाग) nome de um elefante.

Nibbāna
(sâns. *nirvāṇa* निर्वाण) estado de iluminação, imortalidade, correspondente o significado sanscrítico *samādhi*.

Niraya
(sâns. *niraya* निरय) inferno.

Nirūpadhi
(sâns. *nirūpya* निरूप्य) buscar, investigar, questionar, refletir.

Padum
(sâns. *padma* पद्म) lótus.

Pāṇāni
(sâns. *prāṇin* प्राणिन्) ser vivo.

Paṇḍita
(sâns. *paṇḍita* पण्डित) sábio; alguém versado no conhecimento.

Paññā
(*sâns. prajñā* प्रज्ञा) conhecimento, discriminação, inteligência, sabedoria.

Pāpa
(sâns. *pāpa* पाप) azar, mal, sofrimento, vício.

Parājeti
(sâns. *parājita* पराजित) derrota, derrube, destrono.

Patha
(sâns. *patha* पथ) caminho (espiritual), curso, estrada.

Pema
(sâns. *praṇaya* प्रणय) afeto.

Piya
(sâns. *priya* प्रिय) querido, adorável.

Pūjā
(sâns. *pūjā* पूजा) cumprimento, homenagem, reverência.

Punna
(sâns. *púṇya* पुण्य) bem, mérito, pureza, retidão, virtude.

Puppha
(sâns. *puṣpa* पुष्प) flor.

Puriso
(sâns. *puruṣa* पुरुष) homem.

Rāja
(sâns. *rāja* राज) rei.

Raja
(sâns. *raja* रज) poeira, pólen.

Rajata
(sâns. *rajatá* रजत) prata, ou de cor argento.

Rati
(sâns. *ráti* रति) apego, atração, desejo.

Rūpa
(sâns. *rupá* रूप) aparência, corpo, forma.

Sacca
(sâns. *sattā, sattvaṁ* सत्ता, सत्त्वं) verdade.

Saddhā
(sâns. *satyatā* सत्यता) devoção, fé, honestidade, veracidade.

Sagga
(sâns. *sagara* सगर) atmosfera, ar, céu.

Sahassa
(sâns. *sahásra* सहस्र) mil, ou uma grande quantidade.

Sāl
(sâns. *śāl* शल्) a árvore *Vatica Robusta*.

Samādhi
(sâns. *samādhi* समाधि) concentração; no sânscrito, tem o significado de "iluminação" e corresponde ao termo páli *nibbāna*, mas também "combinar", "juntar", "pôr junto", "unir".

Sambodhi
(sâns. *sambodhi* सम्बोधि) conhecimento perfeito, iluminação. Apenas entre os budistas.

Samena
(sâns. *saṁyama* संयमत्) moderação.

Saṁgha
(sâns. *saṁgha, saṅgha* संघ, सङ्घ) assembleia, comunidade, multitude.

Saṁsāra
(sâns. *saṁsāra* संसार) o ciclo dos nascimentos e das mortes.

Sankhāra
(sâns. *saṁskāra* संस्कार) coisa, elemento, impressão, memória.

Santi
(sâns. *śānti* शान्ति) paz, tranquilidade, quietude.

Santuṭṭhi
(sâns. *saṁtoṣa* संतोष) contentamento, satisfação.

Skandha
(sâns. *skandhá* स्कन्ध) fardo, impressão, registro; segundo o budismo, há cinco *skandhás*: *rūpa, vedanā, saṁjñā, saṁskāra* e *vijñāna*; no sânscrito, designa o ombro ou a parte do mesmo sobre o/a qual se carrega um objeto.

Sila
(sâns. *śeyas* शेयस्) virtude.

Soka
(sâns. *śoka* शोक) tristeza.

Sugata
(sâns. *sugata* सुगत) de boa aparência, o Buda.

Sukha
(sâns. *susukha* सुसुख) felicidade.

Sunnatā
(sâns. *śūnyatā* शून्यता) ausência de algo, nada, vacuidade.

Savantī
(sâns. *sravat* स्रवत्) rio e, no sentido figurado, "desejo".

Tagara
(sâns. *tagara-ka* तगर-क) a planta *Tabernæmontana coronaria* da qual se faz um pó de muita fragrância.

Taṇhā
(sâns. *tṛṣṇā* तृष्णा) ambição, desejo, sede.

Tāpasa
(sâns. *tāpasá* तापस) anacoreta, estilita, eremita.

Tathāgata
(sâns. *tathāgata* तथागत) todos aqueles que se libertaram; os Budas vivos.

Thera
(sâns. *thera* थेर) ancião, venerável.

Ussuka
(sâns. *utsuka* उत्सुक) preocupação.

Vācā
(sâns. *vāc* वाच्) palavra, voz.

Vaṇṇa
(sâns. *vāma* वाम) beleza.

Vassa
(sâns. *vasantá* वसन्त) chuva, primavera (entre março e maio).

Vedanā
(sâns. *vedanā* वेदना) sofrimento.

Verena
(sâns. *bhiruci* भिरुचि) ódio; vide *averena*.

Veyyaggha
(sâns. *vyāghrá* व्याघ्र) tigre.

Vimutti
(sâns. *vimukti* विमुक्ति) libertação.

Viriya
(sâns. *vidhā* विधा) esforço.

Yama
(sâns. *yama* यम) o deus da morte; o primeiro ser humano que morreu e se tornou imortal.

Yamaloka
(sâns. *yamaloka* यमलोक) o mundo de *Yama*; o mundo subterrâneo.

Yoga
(sâns. *yoga* योग) união, junção.

REFERÊNCIAS

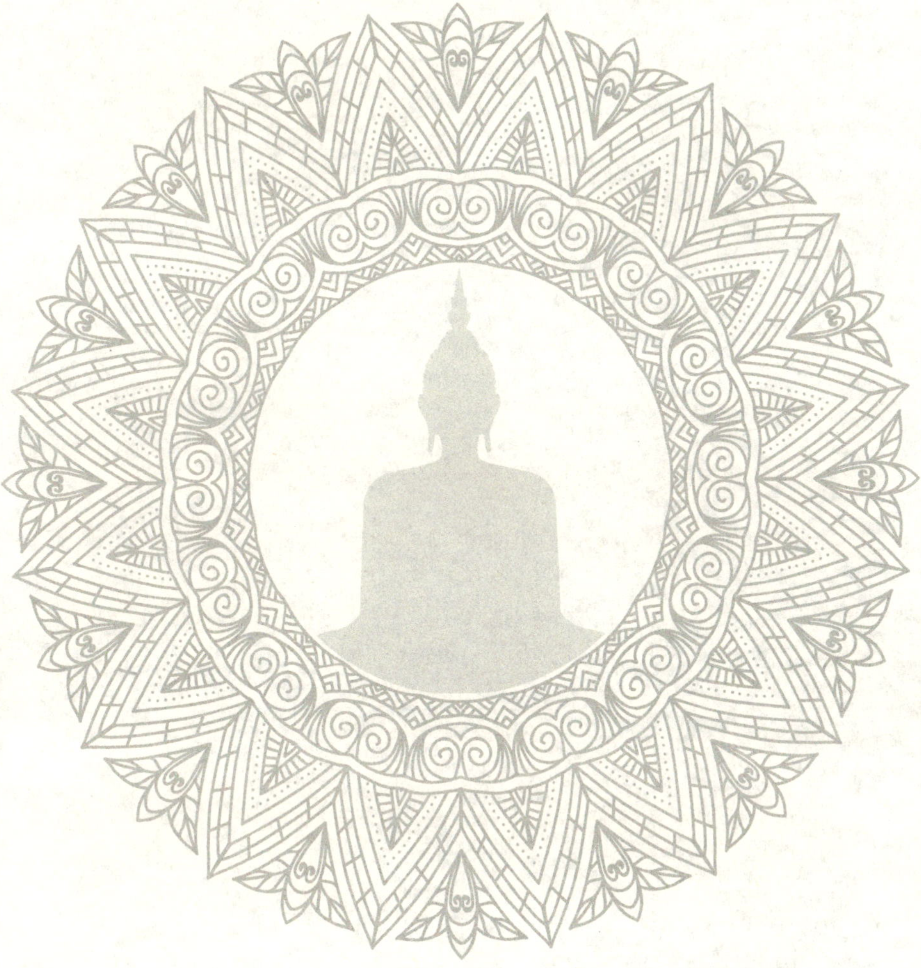

ANDRADE, António. *O descobrimento do Tibete*. Coimbra: Imprensa da Universidade, 1921.

BASHAM, Arthur Llewellyn. *The wonder that was India*. New York: Grove Press, 1954.

CALAZANS, José Carlos. *As fábulas de Esopo na tradição Ocidental*, série 110a, n. 1-12. Lisboa: Boletim da Sociedade de Geografia de Lisboa, 1992. p. 93-111.

CALAZANS, José Carlos. *O ensino da cultura clássica indiana em Portugal (e a sua situação em 1993)*. *In*: Encontros sobre Portugal e a Índia. Lisboa: Fundação Oriente, 2000. p. 235-241.

DHAMMAPADA: Les dits du Bouddha. Tradução e comentários do Centre d'Etudes Dharmiques de Gretz. Paris: Albin Michel, 1993.

FOGELIN, Lars. *An Archaeological History of Indian Buddhism*. Oxford: Oxford University Press, 2015.

KAVIRATNA, Harischandra. *Dhammapada. Wisdom of the Buddha*. California: Theosophical University Press, 1980.

LACERDA, Margarida Correa. *Vida do honrado infante Josaphate filho del-Rey Avenir*. Lisboa: Junta de Investigações do Ultramar, 1963.

MACDONELL, Arthur A. *A History of Sanskrit literature*. London: William Heinemann, 1900.

MAHĀTHERA, A. P. Buddhadatta. *English-Pali dictionary*. Delhi: Motilal Banarsidass, 1989.

MÜLLER, F. Max. *The Dhammapada* – The sacred books of the East. v. X. Oxford: Clarendon Press, 1881.

NĀRADA, Mahā Thera. *Les dits du Bouddha*. Paris: Albin Michel, 2004.

RENOU, Louis. *Anthologie sanskrite*. Paris: Payot, 1947.

RENOU, Louis. Sur la structure du Kāvya. *In*: *Journal Asiatique*. Paris: Imprimerie Nationale, 1959.

SINHA, Nandalal. *The Samkhya philosophy*. New Delhi: Oriental Books Reprint Corporation, 1979.

VASCONCELLOS ABREU, Guilherme. *1° Relatório acerca do primeiro anno de estudos feitos em França e Allemanha*. Lisboa: Imprensa Nacional, 1878a.

VASCONCELLOS ABREU, Guilherme. *2° Relatório. O Sãoskrito e a Glottologia Áriaca*. Lisboa: Imprensa Nacional, 1878b.

VASCONCELLOS ABREU, Guilherme. *A literatura e a religião dos árias na Índia*. Paris: Guillard Aillaud e Cia., 1885.

VASCONCELLOS ABREU, Guilherme. *Conjecturas sobre analogias entre o buddhismo e a philosophia grega*. Lisboa: Casa da Sociedade de Geographia: Imprensa Nacional, 1881.

VASCONCELLOS ABREU, Guilherme. *Os contos, apólogos e ábulas da Índia*. Lisboa: Imprensa Nacional, 1902.

WARDER, A. K. *Introduction to Pali*. London: The Pali Text Society, 1984.

WILLIAMS, Monier. *A Dictionary, English and Sanskrit*. London: H. Allen and Co., 1851.

WILLIAMS, Monier. *Sanskrit-English Dictionary*. Delhi: Motilal Banarsidass, 1993.